Ulf Claussen

# Du schaffst es nicht mal bis Moskau

## Widmung

- meiner Frau Maria
  (*„Keine Grenze, die uns trennt, und komm gesund zurück.", Ich + Ich*)

- meiner ersten Enkelin Elisabeth Shirin,
  die geboren wurde, als ich in Schymkent war und gerade mein Motorrad verloren hatte.
  (*„Opa Mo'ad."*)

- meinem Fitnesstrainer Markus
  (*„Weiter, weiter, das ziehen wir jetzt durch!"*)

- meiner treuen Meckerzicke Yamaha DT125X,
  gestorben an falschem Futter in der kasachischen Steppe
  (*„Pötter, pötter."*)


## Danksagung

Mein besonderer Dank gilt meiner Frau Maria, die mir während meiner Reisevorbereitungen immer eine geduldige Gesprächspartnerin war und mich bei meinem Vorhaben tatkräftig unterstützt hat. Außerdem danke ich den Personen, die ich auf der Reise getroffen habe und die teilweise ein Stück des Wegs mit mir zusammen zurückgelegt haben. Hier insbesondere Matthias, Martin, Igor, Takayama und Wladimir, sowie allen anderen, ohne deren Gastfreundschaft und Unterstützung ich wahrscheinlich gescheitert wäre. Schließlich danke ich meiner Nichte Kerstin für viele Anregungen und das aufmerksame Korrekturlesen.

Ulf Claussen

# Du schaffst es
# nicht mal bis Moskau

Eine ungewöhnliche Reise
auf der nördlichen Seidenstraße
von Hamburg nach Shanghai
mit Motorrad, Bahn, Bus, Taxi, Fahrrad und zu Fuß

Reisebericht mit 52 farbigen Abbildungen
und zwei Landkarten

Bibliografische Information der Deutschen Nationalbibliothek:
Die Deutsche Nationalbibliothek verzeichnet diese Publikation
in der Deutschen Nationalbibliografie;
detaillierte bibliografische Daten sind im Internet über
http://dnb.dnb.de abrufbar.

Fotos:
Ulf Claussen, Hamburg
Takayama Naohisa, Tokio

Herstellung und Verlag:
BoD – Books on Demand, Norderstedt

ISBN: 978-3-7322-8921-9

# Eine ungewöhnliche Reise mit Motorrad, ...

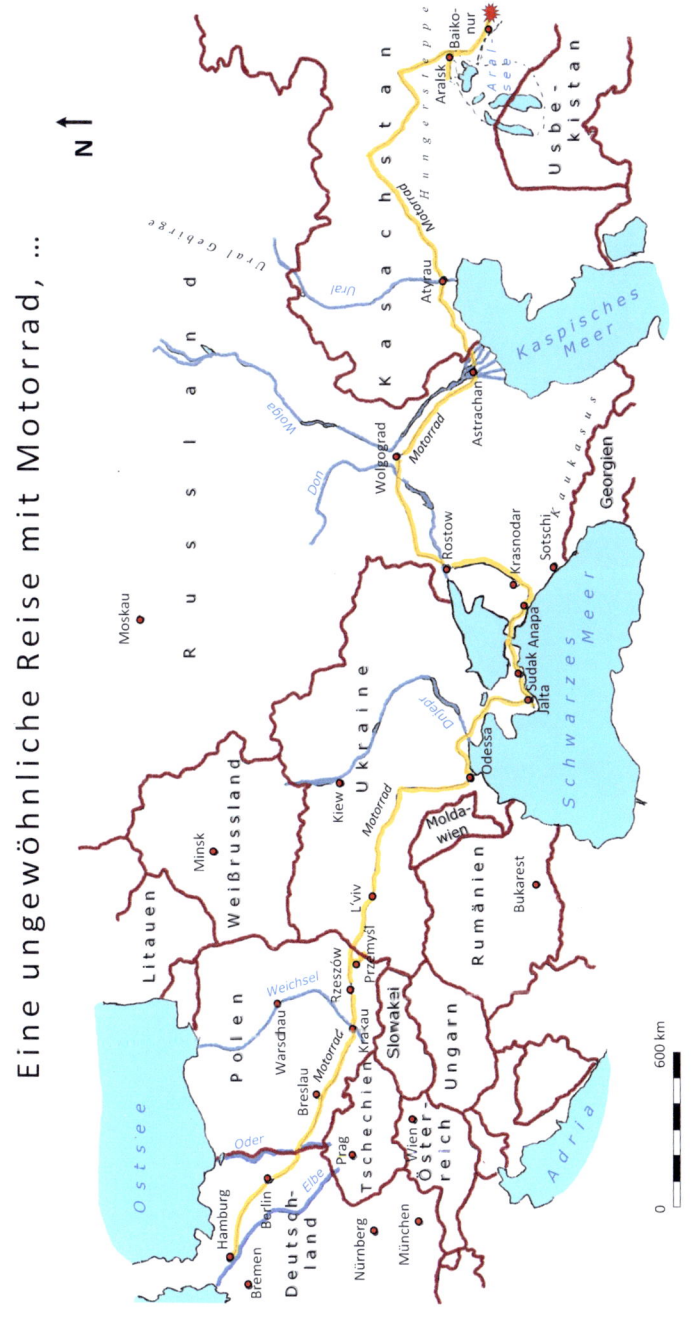

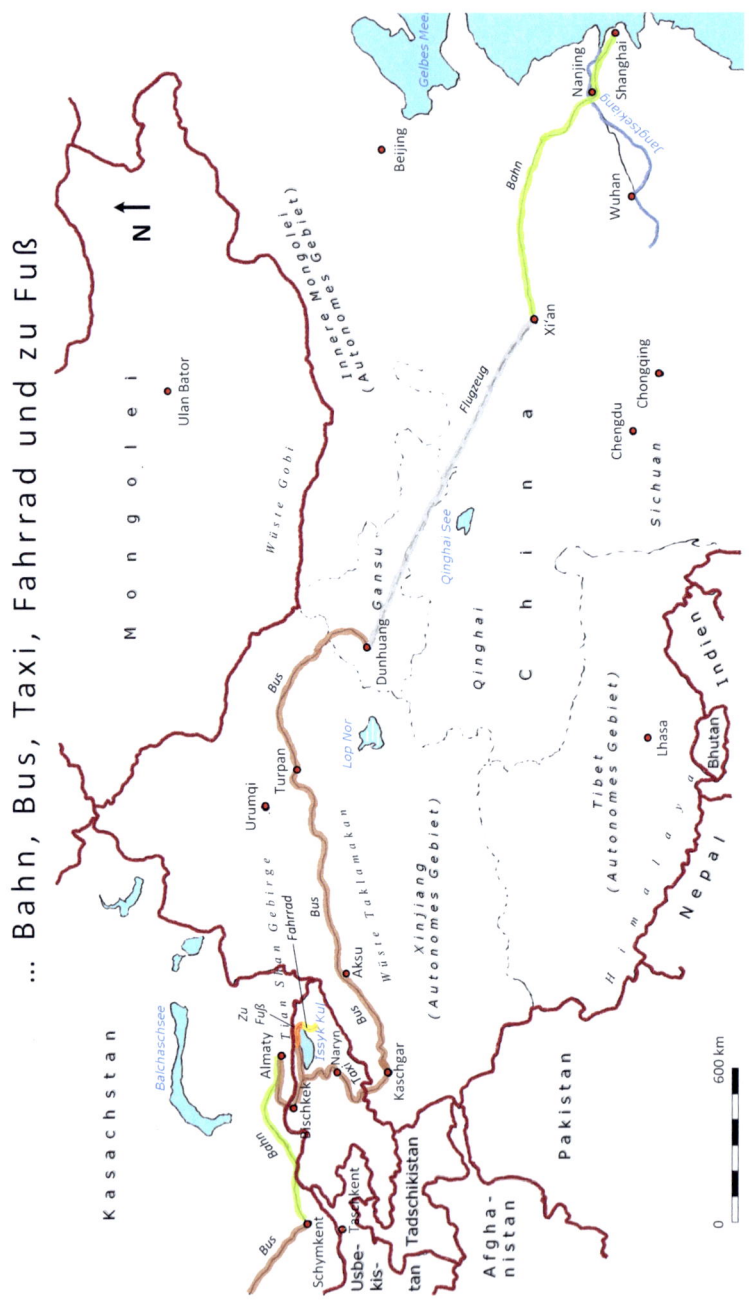

... Bahn, Bus, Taxi, Fahrrad und zu Fuß

# Eine Idee wird konkret

„Da unten gibt es aber gar keine Straßen, Ulf", lästert mein Chef aus der Sitzreihe hinter mir. Wir befinden uns in zehn Kilometer Höhe in einem Flugzeug der Lufthansa auf dem Weg von Shanghai nach Hamburg irgendwo über dem asiatischen Kontinent. Es ist April 2009, und mittlerweile hat es sich herumgesprochen, dass ich meine nächste Dienstreise nach Shanghai im August über Land und hauptsächlich mit dem Motorrad machen will.

Die Reaktionen meiner Umgebung auf dieses Vorhaben sind vielfältig. Alles ist dabei. Von flammender Begeisterung über besorgte Anteilnahme bis zu völligem Unverständnis für ein derartiges Unternehmen. Gut ein Jahr zuvor ist dieser Plan in mir geboren worden und lässt mich nun einfach nicht mehr los. Gerade Prophezeiungen, dass ich scheitern werde, machen mich nur noch entschlossener.

Viel Zuversicht und praktische Tipps hat mir das Buch „Cologne-Shanghai" von Erik Peters gegeben, das Ende 2008 gerade zum rechten Zeitpunkt für mich auf den Markt kam. Genau so wie die beiden jungen Männer in dem Buch will ich die Reise auch angehen; nicht zu viel Planung und Festlegung im Voraus und so wenig Ausrüstung und Gepäck wie möglich, ohne dabei jedoch leichtsinnig zu sein. Nur bin ich allein, dafür aber doppelt so alt und habe viel weniger Zeit für die Reise. Meine bisherige Reiseerfahrung hat mich gelehrt, dass sich viele Probleme auch gut durch Flexibilität und Improvisation vor Ort lösen lassen und man im Zweifel, trotz aller Vorsorge, doch nicht die richtigen Ersatzteile oder Werkzeuge bei sich hat.

Sicher kann man mit dem Flugzeug bequemer und schneller von Hamburg nach Shanghai kommen als mit dem Motorrad, obwohl die vierzehn Stunden in der engen Touristenklasse eines Großraumjets auch nicht gerade ein Spaziergang sind.

Aber im Laufe meiner inzwischen neun vorangegangenen Aufenthalte als Professor an unserer Partneruniversität in Shanghai kam es mir zunehmend surrealer vor, dass einen so ein Flugzeug fast wie eine Playmobilfigur aus einem geografischen und kulturellen Zusammenhang völlig willkürlich und in kürzester Zeit in einen ganz anderen überführt. Mit dieser Reise über Land möchte ich einmal erleben, welche Menschen und Landschaften dort unten zu finden sind, wo sich aus dem Flugzeugfenster sonst nur endlose braune gewellte Landschaft auftut.

Leider habe ich nach einjährigen intensiven Recherchen einsehen müssen, dass ich nicht die ganze Strecke mit dem Motorrad fahren kann. Die kontrollsüchtige chinesische Regierung in Peking ist, besonders in den westlichen und südlichen Grenzprovinzen, einfach nicht an Individualtouristen auf eigenem Motorrad interessiert. Binnen eines Jahres ist es mir nicht gelungen, eine Einreisegenehmigung mit Motorrad für China zu bekommen, auf wie vielen Kanälen ich es in Deutschland und China auch versucht habe. Mein letztes Angebot, bevor ich aufgab, stammte von einem chinesischen Bekannten, der seine Verbindungen nach Nordchina hatte spielen lassen. Es lautete: Einreise in die Mongolei und von dort Import des Motorrads als nicht deklarierte Fracht in einem Teppichlastwagen. Mir wurde klar, dass ich spätestens an der Grenze von Kasachstan zu China auf andere Verkehrsmittel würde umsteigen müssen.

Mein Terminkalender sagte mir, dass ich in den Sommersemesterferien bis zum Dienstantritt in Shanghai acht Wochen Zeit für die Reise hätte. Abschätzungen auf der Basis meines Westermann Schulatlas ergaben von Hamburg nach Shanghai eine Distanz von gut 10.000 Kilometer Luftlinie bei einer Fahrt über Polen, die Ukraine, Russland und Kasachstan. Das entspricht rein rechnerisch einer täglichen Entfernung von etwa 200 Kilometer. Realistisch müsste ich aber auf realen Straßen eine Tagesleistung von mindestens 300 Kilometer ansetzen, um auch einmal Zeit für einen Besichtigungs- oder Ruhetag, einen

Umweg oder eine Reparatur zu haben. Unter westeuropäischen Verhältnissen wäre das zwar anstrengend aber gut zu bewältigen. Doch wie sehen die Verhältnisse in Zentralasien aus? – Ich weiß es nicht. Aber zumindest theoretisch könnte ich die Reise schaffen.

# Vorbereitungen

Zwei Motorräder habe ich zur Auswahl: eine Suzuki VStrom Reiseenduro mit 650 Kubikzentimetern und einer soliden Leistung von 67 PS; und ein Kleinkraftrad Yamaha DT125X mit 125 Kubik, Zweitaktmotor und nur 15 PS. Mit der kleinen 125er habe ich schon mehrere Reisen unter anderem nach Tschechien durch das Riesengebirge gemacht. Wegen ihres speziellen Motorengeräuschs habe ich sie ‚Meckerzicke' getauft. Mit 90 km/h Höchstgeschwindigkeit dauert es mit ihr zwar etwas länger, aber ich habe bisher trotzdem jeden Pass problemlos geschafft. Mit der VStrom reist es sich natürlich deutlich schneller und bequemer.

Nach längerem Überlegen entscheide ich mich schließlich für die 125er. Mein Hauptargument ist, dass ich in weniger entwickelten Ländern mit einem Fahrzeug, das dem dortigen Standard entspricht, weniger auffalle und deshalb auch für Kriminelle weniger zum Ziel werde. Leider musste ich nämlich auf den Internetseiten des Auswärtigen Amts lesen, dass in den zu durchfahrenden Ländern zum Teil mit erheblicher Kriminalität und Korruption zu rechnen ist. Die Bemerkung „Bei Überfällen wird von Widerstand abgeraten, da die Gewaltschwelle niedrig liegt." macht nicht wirklich Mut. Und falls ich das Motorrad in Kasachstan nicht verkaufen kann, ist der Verlust um einiges leichter zu verschmerzen.

Bei meinem Aufenthalt in Shanghai, vier Monate vor meiner geplanten Abfahrt, nutze ich die Gelegenheit und verabrede mich mit Peter dort, von dem ich gehört habe, dass er etliche Reisen mit dem Motorrad in entlegene Gegenden gemacht hat. Aber statt der erhofften Tipps und Ratschläge lässt er mich höflich aber bestimmt wissen, was er von meiner Reiseplanung hält: nicht viel. Wenig später wird Jörg in Hamburg noch deutlicher. Seine Prophezeiung habe ich noch heute im Ohr: "Du schaffst es nicht mal bis Moskau!"

Die beiden bringen mich bei meinen Planungen also nicht weiter. Sie waren zwar einige Male in unwegsamen Gegenden in Afrika und anderswo unterwegs. Aber immer in Gruppen mit Führer, und alles war wohlorganisiert. Nun sind sie überzeugt, dass man nur genau so reisen könne, wie sie es erlebt haben. Aber ich werde nun einmal allein unterwegs sein und will mit einem kleinen Serienmotorrad ohne große Expeditionsausrüstung fahren. Ob sie mit ihren Zweifeln Recht behalten sollen, werde ich erst am Ende meiner Reise wissen.

Mehr denn je bin ich also bei meinen Vorbereitungen auf mich und meinen gesunden Menschenverstand angewiesen. Zur Erweiterung meiner Technikkenntnisse besuche ich einen Werkstattkurs meines Motorradhändlers. Außerdem nutze ich jede Gelegenheit, meine körperliche und geistige Widerstandskraft zu steigern. Im Winter beim Spinning im Fitnessstudio unter Anleitung des unerbittlichen Trainers Markus („Weiter, weiter, das ziehen wir jetzt durch!"), im Sommer mit Mountainbiketouren und Schwimmen in Seen der Umgebung. Ein Fahrsicherheitstraining beim ADAC soll mir mehr Routine auf dem Bike bringen, habe ich doch erst seit zwei Jahren einen Motorradführerschein. Beim Hausarzt lasse ich meinen Impfschutz auf den aktuellen Stand bringen.

Schließlich bringt meine über 80-jährige Patentante Elfriede mir noch einige Grundkenntnisse in Russisch bei. Ihr Gespür für die wirklich wichtigen Dinge wird sich später auf der Fahrt bewähren. Dank Хлеб und Пиво (Brot und Bier) geht es mir von der Ukraine bis Kirgisistan nie richtig schlecht. Auch an meiner Hochschule hat sich mein Vorhaben inzwischen herumgesprochen. So kann ich mir von ausländischen Studierenden für jedes Land, durch das ich fahre, eine örtliche Kontaktperson vermitteln lassen, die ich im Falle von Problemen anrufen kann, um Rat und Übersetzungshilfe anzufordern. Für Kasachstan ist das zum Beispiel Igor, ein mir bis dahin völlig unbekannter Motorradfahrer in Almaty, bei dem ich unerwartet sogar drei Tage zu Gast sein werde.

Ein ganz wichtiges Thema sind die Visa. Ich weiß, dass ich hier auf keinen Fall einen Fehler machen darf, wenn ich nicht in große Schwierigkeiten geraten will. Um auch wirklich alles richtig zu machen, beauftrage ich eine Agentur in Frankfurt damit, die Visa für Russland, Kasachstan und Kirgisistan für mich gegen Gebühr zu besorgen. Drei Wochen, nachdem ich meinen Pass per Einschreiben an die Agentur abgesandt habe, erreicht mich der Anruf des Agenturchefs, dass er die Visa für mich als Privatperson nicht besorgen kann. Das hätte er mir auch wirklich früher sagen können…

Nun wird die Zeit leider verdammt knapp. Es sind nur noch vier Wochen bis zu meiner Abfahrt und ich habe immer noch kein einziges Visum. Da erzählt mir eine meiner Studentinnen, die aus Russland stammt: „Wir lassen uns unsere Visa immer von einer Bekannten besorgen." Ich nehme sofort telefonisch Kontakt zu dieser Frau auf. Und tatsächlich sagt sie mir zu, dass sie mir die Visa noch rechtzeitig besorgen könne, wenn ich ihr meinen Pass noch heute in ihrem Reihenhaus in Norderstedt vorbeibringe. Mit einem mulmigen Gefühl im Bauch fahre ich an diesem herrlichen Juniabend zu ihr. Es spricht für sie, dass sie alle benötigten Formulare meiner Zielländer vorrätig hat und, da sie Russin ist, deren Inhalt in kyrillischer Schrift ohne Probleme lesen kann und mir alles geduldig erklärt. Also entschließe ich mich, ihr zu vertrauen. Etwas anderes bleibt mir ohnehin nicht mehr übrig.

Nur fünf Tage vor Abfahrt mache ich mich erneut nach Norderstedt auf. Und tatsächlich, es ist ihr gelungen meinen Pass mit den begehrten Dokumenten versehen zu lassen. Ich bin unendlich erleichtert. Außer für Russland und Kasachstan habe ich sogar noch das Visum für Kirgisistan bekommen, auf das ich schon gar nicht mehr gehofft hatte. Die vereinbarte Provision hat sie sich für ihre Leistung redlich verdient. Eine Flasche Sekt gebe ich ihr noch obendrauf. Zu guter Letzt hole ich mir am Tag darauf noch schnell das Visum für China beim chinesischen Generalkonsulat in Hamburg. Für ein paar Euro extra geht das inzwischen innerhalb weniger Stunden im Expressverfahren. Drei Tage vor meiner geplanten Abfahrt habe ich tatsächlich meine Reisedokumente komplett!

Unglaublich, dass doch noch alles geklappt hat.

## Optimistischer Auftakt

Sonntag, 5. Juli
Hamburg → Berlin
322 km, Motorrad

Nach einem stimmungsvollen Abschied von meiner lieben Frau Maria geht es um 11 Uhr endlich los. Ein schwüler hochsommerlicher Tag macht das Fahren zur Freude. Alles ist im Lot. Das kleine Motorrad zwischen meinen Schenkeln schnurrt vertrauensvoll und legt sich willig mit mir in die Kurven. Ich bin sicher, dass ich gut mit meiner ‚Meckerzicke' auskommen werde. Und sie wird mich hintragen, wo immer ich will.

Ganz großartig wirkt das neue Design, mit dem mein Sohn Malte mich noch am Abschiedsabend überrascht hat – ich bin stolz und begeistert. An beiden Seiten des Tanks befinden sich jetzt leuchtend grüne Aufkleber mit dem Schriftzug ‚Silk Road

Project 2009' an Stelle der hässlichen Sticker von Yamaha im Plastiklook. Nichts aber auch gar nichts unterscheidet mich ansonsten äußerlich von den Freizeitfahrern, die das gute Wetter zu einer kurzen Runde durch den Sachsenwald nutzen. Hoffentlich habe ich auch wirklich an alles gedacht. Wie gut, geht es mir durch den Kopf, dass ich noch in der letzten Woche vor der Abfahrt ein spezielles Exportkennzeichen habe montieren lassen, nachdem mir eingefallen war, dass ich mein Motorrad in Kasachstan verkaufen wollte, es somit ja exportiert werden würde. Trotz intensiver, ein ganzes Jahr dauernder Versuche auf verschiedenen deutschen und chinesischen Kanälen ist es mir ja nicht gelungen, eine Einreisegenehmigung nach China mit eigenem Motorrad zu bekommen. Noch ahne ich nicht, welchen verhängnisvollen Fehler ich mit diesem neuen Kennzeichen gemacht habe.

Bis Berlin habe ich als Route die B5 gewählt – die alte Interzonenstrecke von Hamburg durch die DDR nach West-Berlin. In Lauenburg an der Elbe mache ich in der Altstadt eine Mittagspause. Auf die Frage eines Rentners nach meinem Woher und Wohin antworte ich ausweichend. Es würde einfach zu absurd klingen, 25 Kilometer von zu Hause als Ziel Kasachstan anzugeben.

Leider bin ich von den Anspannungen der letzten Tage und insbesondere der Abschiedsfeier am Abend vorher ziemlich geschafft und müde, so dass es mir schwer fällt, die Augen offen zu halten. Blitze aus ortsfesten Geschwindigkeitsmessanlagen reißen mich ab und zu aus meinem Trancezustand. Bevor es wirklich gefährlich wird, lege ich mich erst einmal eine Dreiviertelstunde zum Schlafen auf eine Wiese. Danach geht es besser, und bei herrlichem Sommerwetter fahre ich über Nauen auf der majestätischen Heerstraße in Berlin ein, direkt auf die Siegessäule und das Brandenburger Tor zu.

Direkt vor dem Reichstagsgebäude treffe ich noch kurz meinen Bruder Dirk und seine Frau, die in Berlin wohnen, auf

Vor dem Reichstagsgebäude in Berlin

einen Kaffee und ein Abschiedsfoto. Dann werde ich in Charlottenburg bei unseren guten Freunden Melanie und Wolf übernachten. Zum Essen gehen wir zu ihrem Lieblingsitaliener. Das kann nichts schaden – wer weiß, wie mein Speiseplan in den nächsten Wochen aussehen wird. Den Rest des Abends nutze ich für meine weitere Tourenplanung unterstützt von dem reiseerfahrenen Wolf und Google Maps, sowie zum netten Klönen. Bis nach Odessa am Schwarzen Meer sind die Etappen danach ziemlich fest umrissen, und für die kommende Nacht in Krakau ist sogar schon ein Hotel gebucht. In vom Rotwein beflügelter Stimmung versuchen wir uns später an der Aussprache fremdländischer Orte auf meiner Route. Wolf gewinnt für ‚Dnjepropetrowsk' unangefochten die Goldmedaille.

Montag, 6. Juli
Berlin (Deutschland) → Krakau (Polen)
651 km, Motorrad

14

Schon um halb sechs bin ich wach und kann es gar nicht abwarten, bis es weitergeht – es liegt doch noch so viel vor mir. Endlich um sieben regt sich etwas in der Wohnung. Ich springe schnell unter die Dusche und verabschiede mich bei einem Cappuccino von den letzten lieben Bekannten, die ich wohl für die nächsten Wochen sehen werde. Ab jetzt wird es wirklich ernst – und bleibt doch trotzdem immer noch seltsam unwirklich.

Dort, wo ich die Autobahn nach Dresden Richtung Cottbus verlasse, nehme ich an einer schönen Raststätte noch einmal ein ausführliches Truckerfrühstück mit Bratkartoffeln, Spiegelei und saurer Spreewaldgurke zu mir, schreibe etwas Tagebuch und telefoniere ein letztes Mal über das deutsche Netz mit meiner Liebsten. Ich genieße die vertraute Ordnung und Sauberkeit bei einem extra Becher deutschem Filterkaffee mit Kondensmilch aus winzigen zugeschweißten Plastikgefäßen. Anschließend sortiere ich die Reste gewissenhaft in diverse verschiedenfarbige Müllgefäße.

Mit Überquerung der Neiße bei Forst verlasse ich Deutschland und fahre durch die gespenstisch verlassen daliegenden Grenzanlagen ohne Halt in die Republik Polen ein. Das Land gehört ja ebenfalls zum Schengenraum. Hier werde ich sofort durchgeschüttelt von einer uralten Reichsautobahn Marke Adolf, auf der fast kein Verkehr herrscht. Sie führt mich in Richtung Oberschlesien durch endlos erscheinende Kiefernwälder ohne Ortschaften. An einer einsamen Tankstelle im Wald muss ich anhalten um aufzutanken. Ein paar zweifelhafte Gestalten beäugen mich dabei aus der Distanz. Einem Jungen kaufe ich einige im Wald gesammelte Blaubeeren gegen meine letzten Euromünzen ab, ohne dass bei ihm irgendeine Gefühlsregung über das gute Geschäft erkennbar würde. Lieber Gas geben und weg hier. Ich habe noch viel vor heute.

Um die kleine Meckerzicke besonders bei der Hitze nicht zu überlasten, fahre ich strikt Tacho 90 bis 100. Bei dieser Geschwindigkeit ist mein Tagesziel Krakau noch weit, sehr weit. Eine kurze Mittagsrast lege ich in Breslau ein. Der Abstecher kostet mich allerdings über eine Stunde und lohnt sich nicht, denn Breslau zeigt sich von seiner hässlichen Seite. Wenn es auch eine Schöne hat, habe ich sie jedenfalls nicht gesehen. Nach weiteren Stunden sturer aber effektiver Autobahn-Heizerei taucht, wie erwartet, das oberschlesische Industrierevier auf: Gleiwitz, Kattowitz, grottenhässlich, Ruhrgebiet auf sozialistisch. Aber, überall wird gewerkelt, neu gebaut und umgestaltet. Riesige neue Autobahnzubringer, wahrscheinlich aus EU-Geldern bezahlt, und gigantische Einkaufszentren sind entstanden. Auch die üblichen Verdächtigen sind schon vor Ort. Lidl, Media Markt und Konsorten locken mit monströsen Reklametafeln.

Als die hochsommerliche Hitze gegen Abend gerade etwas erträglicher wird, kommt endlich der Abzweig nach Krakau in Sicht. Richtig sitzen kann ich nach neun Stunden fast ununterbrochener Fahrt auf der knochenharten Sitzbank schon lange nicht mehr, und weil ich schon vormittags die Handschuhe im Topcase habe verschwinden lassen, sind mir die Handrücken ganz schön verbrannt.

Die gebuchte Unterkunft Żaczek in Zentrumsnähe ist schnell gefunden und erweist sich als charmantes Hostel von beträchtlichen Ausmaßen. Krakau macht im Schein der Abendsonne sofort einen sympathischen Eindruck mit vielen jungen fröhlichen Menschen. Hoch über der Weichsel bewacht der Wawel, die ehemalige Residenz der polnischen Könige den Zugang zur Stadt. Heute bin ich zu müde für große Unternehmungen; mache stattdessen Reiseplanung, wasche Wäsche und genieße eine Dusche in meinem einfachen Hotelzimmer im sozialistischen Design.

# Grenzprobleme ohne Ende

Dienstag, 7. Juli
Krakau → Przemyśl
304 km, Motorrad

Am Morgen muss ich mir unbedingt die Altstadt von Krakau ansehen. Auf dem großen Platz zelebriere ich ein Frühstück in einem Straßencafé und drehe mit dem Motorrad eine kleine Runde zur Stadtbesichtigung. Zu Recht sind Wawel und Altstadt zum Weltkulturerbe der UNESCO erklärt worden. Danach versuche ich nach Nova Huta zu gelangen, der Vorzeigestadt im ehemals sozialistischen Polen, als man noch fest an den neuen Menschen glaubte. Aber irgendwie finde ich Nova Huta einfach nicht und entschließe mich nach einem Tank- und Ölstopp zum Weiterfahren, immer Richtung Osten.

Die Autobahn ist nun zu Ende, und es geht auf der gut ausgebauten Staatsstraße 4 bei regem Verkehr zügig weiter. Die Tagesetappe ist mit gut dreihundert Kilometern bis nach Lemberg in der Ukraine nicht allzu weit gesteckt, so dass ich bei bestem Sommerwetter lauthals unter meinem Helm singe. Alles läuft gut. Nur der Hintern schmerzt, wenn ich allzu lange ohne Stopp durchfahre. Zur Entlastung fahre ich immer mal wieder eine Zeitlang im Stehen. Beim Tanken rechne ich erfreut aus, dass der Verbrauch jetzt auf der Landstraße nur noch 3,6 Liter auf hundert Kilometer beträgt. Da wird meine Reichweite mit vollem Zehn-Liter-Tank zusammen mit dem Fünf-Liter-Reservekanister im Topcase auch in der kasachischen Steppe hoffentlich ausreichend sein. Wegen meines Zweitaktmotors benötige außerdem noch regelmäßig Öl für das Kraftstoffgemisch. Aber auch hier zahlt sich die mäßige Fahrtgeschwindigkeit aus.

Ein böses Erwachen gibt es dann an der Grenze: Während die Ausreise aus Polen problemlos verläuft, wollen die ukrainischen Grenzer meine Papiere für das Motorrad einfach nicht akzeptieren. Ich werde auf eine Sonderspur heraus gewunken und dort scheinbar einfach vergessen. Keiner von den groß bemützten Grenzern in ihren operettenhaften russischen Generaluniformen kümmert sich um mich, und Englisch oder Deutsch scheint niemand zu verstehen. In aller Ruhe kann ich beobachten, wie an mir vorbei auf teilweise abenteuerlich bepackten Fuhren der Inhalt ganzer polnischer Baumärkte per Dachgepäckträger in die Ukraine abwandert. Nach mir endlos erscheinender Wartezeit muss ich schließlich Richtung Polen umkehren. Dabei habe ich noch Glück und darf mein Bike wieder nach Polen einführen. Insgesamt quälende 2½ Stunden hat diese erniedrigende Prozedur gedauert. Und das Schlimmste ist, dass ich noch nicht einmal weiß, was schief gelaufen ist.

Ich beschließe, erst einmal im nahen Przemyśl im polnischen Galizien ein angenehmes Hotel zu nehmen und mich dort zu beruhigen und von dem Schock zu erholen. Durch Zufall stoße in der Altstadt auf eine romantische private Herberge

Grenze Polen/Ukraine

bei netten Leuten, deren einziger Gast ich heute bleibe. Ohne dass wir eine gemeinsame Sprache sprechen, unterhalte ich mich auf der sommerlich warmen Terrasse mit dem Inhaber bei etlichen Pivots bis spät in die Nacht über Gott und die Welt. Maria informiere ich zu Hause per Handy über die Lage.

## Mittwoch, 8. Juli
Przemyśl→ Rzeszów
139 km, Motorrad

Morgens schneller Abschied von den freundlichen Wirtsleuten. Das Zimmer kostet nur 18 Euro, und in der Wohnküche kann ich noch schnell ins Internet schauen. Aber sie besitzen keinen Drucker für die zusätzlichen Dokumente, mit denen ich heute noch einmal versuchen will, über die Grenze zu kommen. Also suche ich in der Stadt nach einem Internetcafé und möchte noch nett frühstücken, bevor ich mir die neuerlichen Grenzstrapazen zumute. Leider gibt es in der sehr hübschen aber verschlafenen Stadt weder Internetzugang noch Café, und es fängt auch noch leicht an zu nieseln. Die Dokumente druckt man mir schließlich ganz unbürokratisch und kostenlos im Tourismusbüro der Stadt aus, und Frühstück gibt es auch an der Tankstelle.

Nach den gestrigen schlechten Erfahrungen versuche ich es heute lieber an einem anderen Grenzübergang, wo mich noch keiner kennt. Vielleicht hatten die Grenzer gestern einfach schlechte Laune, versuche ich mir Mut zu machen. Kurz vor zehn bin ich am Grenzübergang Korczowa. Wieder beginnt die Bürokratie zu mahlen. Leider klappt es aber auch diesmal nicht. Warum und was fehlt, ist auch hier nicht zu erfahren. Man lotst mich wieder auf eine unbenutzte Sonderspur und lässt mich schmoren. Auch hier bemüht man sich nicht, mir irgendetwas zu erklären. Ich bin einfach Luft und bin gezwungen endlos zu warten.

Nach etwa zwei Stunden untätiger Wartezeit entdecke ich in der Autoschlange ein deutsches Kennzeichen. Ich spreche den Fahrer an und bitte ihn um Hilfe. Er ist ein Ukrainer, der in Deutschland arbeitet und ganz gut deutsch spricht. Er redet mit einem Grenzer und erfährt, dass das Problem mein Exportkennzeichen ist. Außerdem erklärt er mir mit einem Augenzwinkern, dass man das Ganze auch landestypisch mit einigen dem Pass einliegenden 50-Euro-Scheinen hätte gestalten können. In meinem Fall sei das allerdings jetzt zu spät.

Nach weiteren Stunden des Wartens werde ich in die Diensträume geführt, wo man mir auf Englisch ein Schreiben diktiert, in dem ich den Grenzoberinspektor bitten muss, mich wieder nach Polen zurückfahren zu lassen. Nachdem dieser das Gesuch schließlich genehmigt hat, werde ich durch ein sonst verschlossenes Gittertor Richtung Polen geschleust. Die polnischen Grenzbeamten kontrollieren aufreizend langsam. Ab und zu lassen die in langen Schlangen wartenden Ukrainer ihren Frust in einem ausdauernden kollektiven Hupkonzert heraus. Ich darf mich zum Glück seitlich in die Schlange einreihen und komme mit eineinhalb Stunden Wartezeit davon. Auf der polnischen Seite spricht man wenigstens teilweise Englisch – schon mal ein großes Plus gegenüber den Ukrainern. Als ich endlich wieder polnisches Gebiet erreiche, sind über fünf nutzlose und frustrierende Stunden vergangen. Mir ist nun endgültig klar geworden, dass ich trotz Exportkennzeichen auf jeden Fall den Original-Kfz-Brief und die Zulassung brauche, um über die Grenze zu kommen. Ganz zu schweigen von einem nicht näher bezeichneten ‚Deposit‘, von dem ich gehört habe.

Ich fahre etwa 90 Kilometer zurück Richtung Westen in die nächste Kreisstadt Rzeszów und nehme mir dort in einem gesichtslosen Hotel ein Zimmer. Mit Maria vereinbare ich telefonisch, dass sie versuchen soll, mir die fehlenden Dokumente und zweitausend Euro in bar per Kurier nach Polen schicken zu lassen.

Meine liebe Maria hat es doch tatsächlich geschafft, eine Firma in Hamburg ausfindig zu machen, die diesen Auftrag innerhalb eines Tages erledigt. Um acht Uhr morgens holt ein Kurier die Dokumente und das Bargeld zu Hause ab und braust Richtung Ostpolen los, wie mir Maria telefonisch mitteilt. Mehr kann sie nun nicht mehr für mich tun. Über das Telefon auf meinem Hotelzimmer können wir noch einmal alles in Ruhe durchsprechen. Ich bin froh, dass ich jemandem meine Sorgen anvertrauen kann. Die Situation verursacht mir inzwischen permanentes Magendrücken. Ich schwanke zwischen Abbrechen und Durchhalten. Zwischendurch sehe ich mir immer wieder die Landkarte an und muss enttäuscht erkennen, welch winziges Stück ich bisher erst geschafft habe. Eigentlich wollte ich jetzt schon am Schwarzen Meer sein. Und die bevorstehende Geburt meines ersten Enkelkindes nicht zu verpassen, wäre ja auch ein Argument, die Reise hier abzubrechen. – Aber zwei Jahre Planung können doch nicht so einfach für die Katz sein. Es sollen doch nicht die Stimmen Recht behalten, die mir prophezeit haben, dass ich es noch nicht mal bis Moskau schaffen würde.

Mein Versuch, beim ADAC in München Hilfe zu bekommen, gerät zum totalen Schlag ins Wasser. Der versprochene Rückruf erfolgt einfach nicht, und meine Nachfrage danach versandet im Callcenter der Zentrale. So läuft das also mit der so heftig beworbenen Plus-Mitgliedschaft. Ich möchte nicht wissen, wie es sich anfühlen würde, wenn jemand ein ernstes gesundheitliches Problem hätte.

Da konzentriere ich mich lieber auf das, was mir gut tut. Die Altstadt von Rzeszów erweist sich bei herrlichem Sommerwetter als wahre Perle. Alles ist zu Fuß zu erreichen, so dass das Moped vor dem Hotel stehen bleiben kann. Aus einem

Internetcafé setze ich am Morgen erst mal eine Reisemail ab. Danach lasse ich mich beim Frisör verwöhnen, genieße das Treiben in der Stadt von einem gepflegten Kaffeehaus aus, wasche Wäsche und gönne mir einen erholsamen Mittagsschlaf. Als ich am Nachmittag meine Mails lese, bin ich überwältigt von den vielen ermutigenden und mitfühlenden Reaktionen auf meine Post am Morgen. Mit so viel Teilnahme hätte ich überhaupt nicht gerechnet. Wie gut das tut!

Ab 22 Uhr erwarte ich auf meinem Hotelzimmer ungeduldig den Kurier. Ich lausche auf jedes Motorengeräusch. Endlich, um zwei Minuten vor Mitternacht, klingelt die Rezeption an. Schneller als ich mit dem Fahrstuhl unten bin, ist der Fahrer schon wieder verschwunden. Aber ich bekomme den ersehnten Umschlag mit dem abgesprochenen Inhalt.

## Ein schwerer Entschluss

Freitag, 10. Juli
Rzeszów → Korcola (Grenze) → Zabrze
458 km, Motorrad

Ein Sommertag wie aus dem Bilderbuch. Heute muss es klappen!!

Mein Gepäck packe ich mit penibler Sorgfalt: alle Dokumente für die Grenze in die Klarsichthülle, die vielen Euros in den Brustbeutel und ein bisschen Geld für alle Fälle eingerollt in den Geldgürtel am Körper. Ich will mich positiv programmieren, damit jetzt alles gelingt. Beim Frühstück bringe ich wegen der Anspannung allerdings keinen Bissen herunter.

Dann spule ich die 90 km zur Grenze ab, nun schon zum dritten Mal. In Polen bei den Lkw eine lange Schlange, aber bei den Pkw läuft's wie geschmiert. Nach nur 20 Minuten rolle ich schon durch das Niemandsland in die Ukraine. Auch hier scheint alles Routine mit meinen neuen Papieren – bis sie mein

Exportkennzeichen entdecken. Wieder werde ich auf eine Sonderspur dirigiert; wieder beginnt das quälende Warten. Nach ca. zwei Stunden wird mir gedolmetscht, dass ich tatsächlich mindestens 2.000 Euro Zoll bezahlen soll, den ich bei der Ausfuhr dann aber irgendwo wieder bekommen soll.

Mein Hass auf diese Gauner hat sich inzwischen so gesteigert, dass ich diesen Typen einfach nicht mehr irgendetwas glaube. Schon gar nicht, dass sie mir einmal gezahltes Geld zurückgeben. Und selbst wenn es hier klappen sollte, müsste ich an den folgenden Grenzen mit ähnlichen Schwierigkeiten rechnen. Ich habe den Eindruck, sie wollen mich als Westler nur aussaugen wie eine Spinne die Fliege in ihrem Netz. Ich entscheide, dass ich nicht zahle und umkehre.

Wieder muss ich endlos warten, den schon bekannten Bittbrief an den Oberdruiden schreiben usw. usw. Schließlich habe ich es nach 4½ Stunden mal wieder hinter mir. Das ist kaum noch zu ertragen! Passend zu der Situation zieht auch noch blauschwarz ein Gewitter auf.

Vor Wut und Enttäuschung kann ich kaum noch klar denken. Über Handy informiere ich kurz Maria, ziehe mich regenfest an und gebe Gas Richtung Westen, um so weit zu fahren, wie ich ab 15 Uhr noch komme. Ich muss einfach dieses Exportkennzeichen loswerden. Und das geht nur an meinem Wohnort. Es gibt keinen anderen Weg. Hoffentlich kriege ich beim Fahren wieder einen klareren Kopf.

Inzwischen hat es einen Wettersturz gegeben, so dass ich bei der ununterbrochen schnellen Fahrt ziemlich friere, obwohl ich nach und nach alle warmen Kleidungsstücke anziehe, die ich dabei habe. Um mich zu motivieren, setze ich mir das Ziel, bis zum Abend noch Oberschlesien zu erreichen. Schließlich schaffe ich es in einem Höllenritt tatsächlich bis Zabrze, dem ehemaligen Hindenburg. Ein zweckmäßiges, aber schmuckloses Ibis Hotel bietet mir alles, was ich benötige: parken, essen, schlafen. Seit ich weiß, was ich machen will, geht es mir wieder viel besser, und ich schlafe auf der Stelle ein.

Samstag, 11. Juli
Zabrze (Polen) → Hamburg (Deutschland)
812 km, Motorrad

Ab 6 Uhr 30 gibt es im Hotel Frühstück. Ein guter Auftakt für die heute geplante Riesendistanz. Ich bin der erste Gast am Morgen. Aus dem Bankomat um die Ecke ziehe ich noch einmal Zloty, bevor ich die hässliche graue Stadt um viertel nach sieben hinter mir lasse.

In Gliwice kann ich es mir nicht verkneifen, schnell noch den berühmten ehemaligen Reichssender Gleiwitz mit dem welthöchsten hölzernen Sendeturm anzuschauen, den ich auf der Hinfahrt schon von der Autobahn aus in der Ferne entdeckt hatte. Der Turm und die zugehörigen Dienstbauten sind noch im Originalzustand erhalten. Hier ist also 1939 mit einem von der SS fingierten Überfall auf den Rundfunksender der Zweite Weltkrieg ausgebrochen. Hitlers Ausspruch am Vormittag des 1. September 1939, „Seit 5 Uhr 45 wird jetzt zurückgeschossen.", ging in die Geschichte ein. Zurzeit ist man dabei, an dieser Stelle ein Museum einzurichten.

Von hier aus geht es bei kalten 14°C auf die gut ausgebaute Autobahn Richtung Breslau und Berlin. Gelegentlich ein leichter Schauer, aber ab und zu lässt sich auch die Sonne kurz blicken. Doch nicht genug. Mit der Zeit wird mir wieder bitterkalt. Bei der ständigen Vollgasfahrt ist der Treibstoffverbrauch so erheblich, dass ich etwa alle 150 Kilometer einen Tankstopp machen muss, bei dem ich Bauch und Finger an einem heißen Kaffee wärmen kann. Maria bitte ich über Handy, schon mal in Hamburg eine Versicherungsdoppelkarte für die am Montag geplante Ummeldung des Motorrads zu besorgen.

Beharrlich kämpfe ich die Kilometer nieder. Wenn meine Zicke und ich durchhalten, könnte ich es noch heute bis Ham-

24

burg schaffen. Unter meinem Helm schreie ich von Zeit zu Zeit mein Mantra heraus: "Weiter, weiter, das ziehen wir jetzt durch!"

Am Mittag erreiche ich Cottbus. Obwohl es etwas wärmer geworden ist, friere ich immer noch erbärmlich. Kälte und Anstrengung stecken mir schon zu tief in den Knochen. Vor Berlin ereilt mich dann auch noch der gefürchtete Sekundenschlaf. Für 20 Minuten bette ich mich in einem mit Kiefern bestandenen Waldstück nahe der Autobahn auf das weiche brandenburgische Moos und fädele mich danach erfrischt wieder in das endlose Band der Wagen auf der Autobahn ein. Weil Wochenende ist, fahren keine Lkw, und fast alle Pkw überholen mich mit meinen lächerlichen 15 PS. So richtig Spaß bringt das nicht.

Um mir mehr Abwechslung zu verschaffen, entscheide ich mich für die kurze Route über die Stadtautobahn mitten durch Berlin. Ich habe Glück, es ist gerade einmal kein Stau in der Stadt, so dass ich auf diesem Weg sogar zügigerer als auf dem Berliner Außenring vorankomme und überraschend schnell die Autobahn nach Hamburg erreiche.

Jetzt sind es immer noch 240 Kilometer. Aber ich freue ich mich so unbändig auf Maria und zu Hause, dass mir das Ziel nicht mehr zu nehmen ist. Maria, die noch beim Feiern auf dem Schlagermove ist, hat mir hinter der Haustür einen phantasievollen Empfang mit einem Teppich aus meinen liebsten Süßigkeiten und Bier im Kühlschrank bereitet. Sicher nicht ganz das Richtige jetzt, aber trotzdem köstlich. Ähnlich kaputt wie ich, nur aus einem anderen Grund, kommt auch sie bald nach meiner Ankunft nach Hause. Wir fallen uns erst in die Arme und sinken danach wie tot ins Bett.

Die heute zurückgelegte Distanz von mehr als 812 Kilometern sollte meine größte Tagesetappe mit dem Motorrad auf der ganzen Reise bleiben. Nur schade, dass es in die falsche Richtung ging.

Sonntag, 12. Juli
Hamburg

Ruhetag zu Hause. Meine Tochter Swantje kommt zu Besuch, und wir bewundern einen Ultraschallfilm über das werdende Leben in ihrem Bauch.

# Neue Papiere, neues Glück

Montag, 13. Juli
Behördentag in Hamburg
95 km, Motorrad
Hamburg → Berlin
310 km, Motorrad

Geschlagene sieben Stunden kostet es mich, wieder ein ganz normales Kennzeichen und eine grüne Versicherungskarte zu bekommen. Die Besuche von zwei Straßenverkehrsämtern und zwei Besuche beim Zollamt sind nötig, bis der Amtsschimmel sich endlich laut wiehernd vom Acker macht. Dazwischen viele Telefonate. Als ich nachmittags um drei als letzter Kunde zwei Stunden nach Schließung des Amtes das neue Kennzeichen mit gültigen Stempeln in meinen Händen halte, muss ich es spontan küssen, auch wenn die Beamten überhaupt nicht verstehen, warum. Mit dem neuen Kennzeichen wird nach zweitausend Kilometern und endlosen bangen Tagen ein neues Kapitel der Reise aufgeschlagen: HH-UC 16.

Maria hat am nächsten Tag zufällig dienstlich in Berlin zu tun, und so ergaunern wir uns noch eine gemeinsame Nacht, indem sie schon am Vorabend nach Berlin anreist. Die Hotelauswahl überlasse ich aus bester Erfahrung ihr. Fast zeitgleich treffen wir um 9 im Arcotel in der Oranienburger Straße ein, sie mit der Bahn, ich mit dem Motorrad. Als sie mir den Zimmerschlüssel gibt, scheint mir, dass die Rezeptionistin etwas von der knisternden Atmosphäre erspürt, die an diesem, unserem vermutlich wirklich letzten Treffen für fünf lange Wochen in der Luft liegt.

Absolutes Spitzenhotel in Berlin-Mitte. Ich bin mal wieder sprachlos und gerührt, wie gut das jetzt passt. Das frivole Leben dieser Stadt tost direkt zu unseren Füßen. Schräg gegenüber in einem indischen Restaurant genießen wir einen Cocktail, während wir den geraubten Abend beide in uns einsaugen.

Dienstag, 14. Juli
Berlin (Deutschland) → Tarnów (Polen)
664 km, Motorrad

Als früh der Wecker klingelt, wissen wir, dass nun der Abschied nahe ist. Noch ein stilles Frühstück bei Balzac in der Friedrichstraße, bei dem jeder seinen Gedanken nachhängt. Dann düse ich ab. Schnell bin ich auf der Autobahn und will nun nur noch eins: an die ukrainische Grenze. Auf dieser Strecke habe ich ja alles schon einmal gesehen und erspürt.

Es wird ein guter Lauf bei heißen Temperaturen. Die kleine Zicke ist kaum im Zaum zu halten. Als es Abend wird, bin ich schon über Krakau hinaus und finde vor Tarnów ein hübsches kleines Hotel an der Fernstraße 4, als es schon fast sieben ist. Duschen, essen, Tagebuch schreiben und dann nur noch ins Bett. Von hier bis zur Grenze sind es noch etwa 200 Kilometer. Morgen wird es spannend.

## So einfach kann Grenze sein

Mittwoch, 15. Juli
Tarnów (Polen) → Ternopil (Ukraine),
442 km, Motorrad

Auch heute sieht es schon am Morgen wieder nach einem heißen Tag aus. Das Frühstück nehme ich auf der schönen überdachten Terrasse des Hotels ein. Natürlich konzentrieren sich alle meine Gedanken auf die Grenze. Ich entscheide mich, wie beim ersten Mal, über Przemyśl zu fahren. Der kleinere Übergang ist mir, wenn man davon in diesem Zusammenhang überhaupt sprechen kann, sympathischer.

Auf der Landstraße ist irrer Verkehr. Dazu kommen unendlich lange Baustellen. Es zieht sich – bei weit über 30°C. Aber die Hitze macht mir nichts, solange ich fahre. An den Staus und bei Ampeln mogele ich mich mit meiner wendigen kleinen Maschine auf dem Randstreifen vorbei. An einer mir schon bekannten piekfeinen *Orlon*-Tankstelle in Przemyśl, der letzten in Polen, mache ich einen Stopp, kaufe noch einen Liter gutes Zweitaktöl als Reserve und bereite auch dieses Mal penibel meine Papiere vor. Und ab geht's Richtung Ukraine. Ich kenne ja alles schon bestens. Um 13 Uhr stehe ich an der polnischen Seite der Grenze. Die Kontrollen sind reine Formsache und ich kann sogar ein wenig flirten mit den uniformierten Grenzbeamtinnen in ihren strammen Uniformblusen.

Auch in der Ukraine bin ich nun ein Normalfall und kann als Motorradfahrer sogar an der Schlange vorbeifahren. Die ganze Prozedur dauert nur etwa eine Stunde, dann bin ich endlich in der Ukraine! Im Gewimmel ukrainischer Verkaufsstände direkt hinter der Grenze lasse ich eine Passantin ein Foto von mir auf meinem Motorrad machen.

Doch das hätte ich lieber nicht tun sollen, denn einige dort herumlungernde Armleuchter halten mich mit pseudooffizieller Miene an und pressen mir gleich mal eben 20 Euro ab, sonst würden sie mich bei der Grenzpolizei wegen unerlaubten Fotografierens anzeigen. Ich ärgere mich ziemlich darüber. Aber was soll's. Ich habe es endlich geschafft. Ich bin in der Ukraine und will ans Schwarze Meer.

Die Straßenverhältnisse in der Ukraine sind wesentlich schlechter als in Polen. Im Topcase poltert es heftig, und ich muss zunächst meine Reisegeschwindigkeit deutlich reduzieren. Nach einiger Zeit gewöhne ich mich daran und traue mich, wieder schneller zu fahren. Aber ich muss höllisch aufpassen, nicht plötzlich in ein Schlagloch zu hämmern.

Ich fahre durch L'viv (Lemberg), das sich als eine überraschend große Stadt entpuppt. Aber der Straßenzustand ist himmelschreiend: völlig ausgefahrenes Granitsteinpflaster und die kriminell vergurkten Straßenbahnschienen ragen zum Teil bis zu 10 cm über das Straßenniveau hinaus. In einem schattigen Lokal in einer alten Festungsanlage mache ich bei einem Sandwich und einem kühlen Getränk eine Pause. So gestärkt, schaffe ich es danach noch bis hinter Ternopil, wo ich es um etwa acht Uhr in einem kleinen Familienhotel schließlich Feierabend werden lasse. Die Hausmutter serviert mir Borschtsch mit herzhaftem Brot. Es schmeckt mir. Mal sehen, ob ich es morgen bis ans Schwarze Meer schaffe.

Donnerstag, 16. Juli
Ternopil → Odessa
665 km, Motorrad

Ganz früh am Morgen grußloser Abschied von dem kleinen Hotel. Frühstück gibt es leider keins. Dafür entdecke ich, dass die vermeintliche lästige Fliege in der Nacht ein kleiner Kakerlak war, der auf mir herumgekrabbelt ist. ‚Knack' und das Problem ist erledigt.

Ich drücke den E-Starter der kleinen Meckerzicke und reihe mich in den Verkehrsstrom auf der Landstraße ein. Obwohl alles nach einem erneut sehr heißen Tag aussicht, muss ich mir bald erst einmal Jacke und Handschuhe anziehen, weil der Morgennebel in Kombination mit dem Fahrtwind eine empfindliche Kühle ergibt.

Odessa ist heute mein ehrgeiziges Ziel. Während eines Tankstopps habe ich dort sogar schon für sechs Uhr abends ein Hotelzimmer gebucht. Also: Gas geben und keine großen oder kleinen Pausen oder Fotoaktionen. Die Straße ist zunächst

29

recht schlecht, außerdem ist der Asphalt schon am Morgen oberflächlich aufgeweicht. Ich muss mich bei dem hohen Tempo höllisch konzentrieren, um nicht wegzurutschen. Als hilflose Maßnahme haben die Behörden wegen der Hitze ab zwölf Uhr mittags ein Fahrverbot für Lkw verhängt.

Endlose Landschaft säumt die Straße: riesige Felder mit Rüben, Weizen oder Sonnenblumen. Nur ganz selten fahre ich durch eine Ansiedlung. Pferdefuhrwerke gehören zum normalen Straßenbild – ländliche Ukraine pur.

Mit Vollgas Kurs Süd auf der Autobahn Kiew-Odessa

In einem Ort winkt mich ein Polizeiposten heraus und redet auf mich ein. Als ich zu verstehen gebe, dass ich nur Englisch oder Deutsch verstehe, entlässt er mich mit einem Schulterzucken. Glück gehabt. Die Euros im Geldgürtel bleiben unangetastet. Zwischenziel für heute Mittag ist Uman, wo ich nach Karte auf die Autobahn M05 Kiew-Odessa treffen werde. Und tatsächlich, irgendwann in glühender Mittagshitze ist es so weit. Ich rolle auf lange nicht mehr gehabter ebener Fahrbahn, nagelneu und super gepflegt, Kurs 180° Süd direkt auf Odessa zu. Der Rest ist einfach nur Durchhalten für weitere schnurgerade und absolut flache 260 Kilometer bei 35 Grad Gluthitze. Wenig erfolgreich versuche ich mir durch Fotografieren vom fahrenden Motorrad aus Abwechslung zu verschaffen. Den nächsten Tankstopp sehne ich jeweils herbei und zähle die Kilometer herunter, bis es soweit ist. Die Tankstellen und Raststätten sind genauso neu und wunderbar wie die Autobahn.

Schließlich Odessa. Nach ein paar Mal fragen ist schon mein ,Passage Hotel' in bester Innenstadtlage gefunden. Und auch das schäbigste Interieur kann mich nicht davon abhalten, hier Station zu machen. Zum langen Optimieren bin ich einfach zu kaputt. Im Hotel treffe ich Peter, dessen angejahrte BMW GS mit uraltem österreichischem Kennzeichen mir schon draußen vor der Tür aufgefallen ist. Wir verabreden uns spontan zum Abendessen.

In Odessa pulsiert das südliche Leben bis tief in die hochsommerliche Nacht hinein. Peter ist ein erfahrener Traveller mit Ziel Kaukasus/Georgien, der viel Interessantes für mich zu erzählen hat. Das kühle Bier schmeckt gut, und als wir nach Mitternacht zurück zum Hotel gehen, haben wir für fast alle Probleme dieser Welt Lösungen angedacht.

## Schwarzes Meer und Krim

Freitag, 17. Juli
Odessa → Mykolajiv
170 km, Motorrad

Bei diesen nächtlichen Temperaturen muss einfach das Fenster offen bleiben, obwohl der Lärm von der belebten Straße ohrenbetäubend ist. Trotzdem schlafe ich durch bis um acht.

Nach dem Studium der Landkarte entscheide ich mich dage-gen, in Odessa einen Ruhetag einzulegen. Stattdessen packe ich, um nach einem geruhsamen Sightseeing schon mal ein paar Kilometer Richtung Krim zurückzulegen, damit die darauf folgende Etappe erträglicher wird. Außerdem weiche ich da-durch, dass ich abends fahre, der unbändigen Hitze besser aus.

In der Fußgängerzone Deribasowskaja sitze ich wunderbar schattig in einem Café, schaue und frühstücke mich gründlich satt. Danach Besuch der aus Eisensteins Film ‚Panzerkreuzer Potemkin' berühmten Treppe am Hafen und dann – endlich – ans Meer, ans Schwarze Meer. So weit bin ich nun schon! Auf dem Weg dorthin muss ich noch zwei sehr zweifelhafte Motor-radfahrer los werden, die mir absolut nicht geheuer vorkom-men. Ich kann sie erfolgreich abschütteln und finde glücklich einen Strand. Allerdings schattenlos, gleißend hell und glühend heiß, was den vielen anderen Besuchern allerdings nichts aus-zumachen scheint.

Endlich geschafft! Erster Blick auf das Schwarze Meer bei Odessa

Ich nehme ein Bad in den Fluten, die zu erreichen mich so viel Schweiß und Tränen gekostet hat. Alles abgewaschen, alles vergessen. Ich bin zu neuen Abenteuern aufgelegt und gespannt, wie es weitergeht. Ein Zurück gibt es nun nicht mehr! Bei der Ausfahrt aus der großen Stadt nimmt ein ganz junger Fahrer auf einer Honda Kontakt mit mir auf. Leider spricht er nur Russisch. Wir trinken eine Cola zusammen, und für etwa fünfzig Kilometer begleitet er mich einfach nur so auf seiner eigentlich viel schnelleren Sportmaschine, bis er in seinen Heimatort abbiegen muss und wir uns herzlich voneinander verabschieden. Die folgende Fahrt über Land genieße ich ganz entspannt, denn ich fühle, dass nun der extreme Zeitdruck raus ist. Da lass die blöden ukrainischen Bullen mich doch ruhig mit ihrer Laserpistole anblitzen – no chance. Ihr könnt mich alle mal.

Am Himmel ziehen sich blauschwarze Gewitterwolken zusammen, so dass ich beschließe, im nächstbesten Hotel unterzukriechen. Es findet sich ein rosaroter Neubau neben einer größeren Tankstelle, mehr Baustelle als Hotel. Für immerhin 35 Euro werde ich handelseinig für ein geräumiges sauberes Zimmer mit Klimaanlage und sechssäuligem (!) Balkon. Das schäbig erscheinende Fernfahrerrestaurant nebenan bietet eine beachtliche Speisenauswahl und gute Qualität bei nur vier Euro für das ganze Abendessen.

Samstag, 18. Juli
Mykolajiv → Jalta,
467 km, Motorrad

Schon morgens um sieben ist es anständig heiß. Noch schnell geduscht und ab auf den Bock. Frühstück gibt es an einer der Tankstellen. Die sind ein echter Lichtblick hier. Es gibt viele, sie sind aufgeräumt und sauber und haben alles, was das (Traveller-) Herz begehrt.

33

Auf dem Weg zur Krim geht es kilometerlang durch unendlich flaches, kiefernbestandenes Sandland. Bald immer entlang an einem breiten Bewässerungskanal, der Süßwasser vom Dnjepr heranführt. Ein Bad wäre jetzt verlockend. Aber ich habe bis Jalta, meinem heutigen Etappenziel, noch Einiges vor und muss es mir verkneifen.

Die Straße ist voll und die abenteuerlichen Überholmanöver der Ukrainer fordern meine volle Konzentration. Am frühen Nachmittag erreiche ich Simferopol, die Hauptstadt und Verkehrsdrehscheibe der autonomen Krim. Eine Umgehungsstraße führt mich leider nur durch die finsteren Hinterhöfe der Stadt. In einem tristen Plattenbaugebiet gönne ich mir ein wunderbar kühles Kwas aus einem Tankwagen an der Straße. Es ist ein nicht alkoholisches Gerstengetränk, das es überall im Gebiet der ehemaligen Sowjetunion für wenig Geld zu kaufen gibt. Aber dann heißt es auch schon wieder Gas geben bis zum Anschlag. Ade, du Schöne. Mein Ziel ist das berühmte Jalta.

Erfrischend, kühl, nahrhaft: Kwas, das ideale Reisegetränk (Simferopol)

Dank guter Beschilderung finde ich problemlos den Abzweig zu einer interessanten kleinen Passstraße, die ich mir auf der Karte ausgesucht habe. Nach so langer Flachlandfahrt freue ich mich nun so richtig auf Kurven und Berge. Und ich werde nicht enttäuscht. Nach dem letzten malerischen Dorf im Tal schlängelt sich die schmale Straße durch lichte Buchenwälder immer weiter aufwärts. Endlich, endlich, nach so vielen Tausenden von sturen Kilometern bringt das Motorradfahren wieder richtig Spaß. Ein ukrainisches Pärchen ist ebenfalls mit einer 125er Yamaha unterwegs, und wir überholen uns immer wieder wechselseitig.

Nach ca. tausend Höhenmetern ist die Passhöhe erreicht. Den billigen Rummel mit Souvenirshops und Kinderkarussells an dieser schönen Stelle durchfahre ich zügig und werde mit einer atemberaubenden Aussicht auf das Schwarze Meer und Jalta tief unter mir belohnt. In engen Serpentinen windet sich die Straße am felsigen Steilabhang talwärts. Fahrspaß pur! Am Ortseingang von Jalta finde ich trotz absoluter Hochsaison nach einiger Suche ein preiswertes nüchternes Motel, das sogar Meerblick bietet. Über einen kleinen Schleichweg bin ich mit dem Bike schnell unten am Wasser und verbringe den Abend bei herrlicher Wärme in einem Restaurant auf der eleganten Promenade. Um mich herum flanieren die Reichen und die Schönen aus Russland und der Ukraine. Das ist Genuss pur! Endlich!!

Sonntag, 19. Juli
Jalta → Sudak
166 km, Motorrad

Der Morgen beginnt mit einem grauseligen Frühstück in meinem Hinterhofmotel. Hier scheint das Deutsche Jugendherbergswerk als Entwicklungshelfer tätig gewesen zu sein. Ein Klecks Margarine, ein Schälchen rostbraune Marmelade, Wurst mit schwitzenden Fettaugen und zwei Scheiben Toast. Das war's. Schnell mit einem dünnen brenzligen Kaffee runterspülen und ab nach draußen. In Gedanken bin ich schon am Ladivia Palast, dem Ort, an dem Roosevelt, Churchill und Stalin sich auf der ,Konferenz von Jalta' im Februar 1945 zu weit reichenden Beschlüssen für die Aufteilung Europas nach dem Zweiten Weltkrieg trafen.

Nach einer kleinen Irrfahrt – verursacht durch die nicht sehr freundlichen Auskünfte der maulfaulen Ukrainer in Jalta – finde ich endlich den Palast. Der Parkplatz ist verstopft von einer Armada hoffnungslos stecken gebliebener Busse. Mit meinem wendigen kleinen Motorrad kann ich mich mal wieder schnell überall durchschlängeln und stehe bald in flirrender Hitze in der Kassenschlange vor dem herrschaftlichen schneeweißen Palast hoch über dem Schwarzen Meer.

Bald wird es mir klar, warum es so voll ist. Zusammen mit mir sind unzählige Touristen eines großen Kreuzfahrtschiffs angekommen, das ich schon am gestrigen Abend im Hafen liegen sah. Meine höfliche Anfrage, ob ich meinen schweren Rucksack während der Besichtigung vielleicht im Kassenhäuschen abstellen dürfe, wird von der dort herrschenden fetten Matrone mit einem barschen ,Njet' abgewiesen. Zum Glück habe ich von meiner Fahrt mit der Transsibirischen Eisenbahn im Jahr 2005 schon etwas Erfahrung im Umgang mit dem rauen Charme dieser Sorte von Frauen, die man auch in Russland häufig antrifft. Und siehe, irgendwie geht's schließlich doch. Sonst könnte man manchmal verzweifeln.

Dank der Kreuzfahrer kann ich mich ganz nach Geschmack einer Führung in Deutsch oder Englisch anschließen. Nach dem Sender von Gleiwitz ist dies nun schon der zweite Ort mit geschichtsträchtigem Hintergrund aus dem Zweiten Weltkrieg, der auf meiner Route liegt. Wenn alles nach Plan verläuft, werde ich bald auch noch durch Wolgograd, das ehemalige Stalingrad kommen.

36

Während auf die Kreuzfahrer ein perfektes Dinner im Innenhof des Palasts wartet, lasse ich das Gesehene im schattigen Gartenhaus bei einer Limonade auf mich wirken. Gegenüber den Kreuzfahrttouristen, deren Durchschnittsalter bestimmt jenseits von siebzig liegt, fühle ich mich als junger Hüpfer gut gerüstet für das, was noch vor mir liegen mag.

Mein Blick fällt zufällig auf eine interessante Bildpostkarte, und ich entschließe mich spontan, noch zum ‚Schwalbennest' zu fahren, einem neugotischen Phantasieschlösschen in Schwindel erregender Lage auf einer Felsenklippe hoch über dem Schwarzen Meer. Ein deutscher Baron und Ölmagnat hat es hier Anfang des letzten Jahrhunderts errichten lassen und inzwischen ist es zum Wahrzeichen der Krim-Südküste geworden.

Phantasieschlösschen Schwalbennest an der Schwarzmeerküste bei Jalta

Obwohl ich mir zu gern auch noch Sewastopol, den Standort der russischen Schwarzmeerflotte ansehen würde, muss ich jetzt doch sehen, dass ich Strecke Richtung Osten mache. Zum

Glück habe ich keine Landkarte mit der Gesamtansicht meiner Route dabei. So bleibe ich verschont davon zu sehen, wie viel noch vor mir liegt. Aber ich weiß auch so, dass der Zeitplan keinen Raum für Pausen und Umwege hergibt. Durch die Startverzögerungen ist der rechnerische Durchschnitt bestimmt von ursprünglich 300 auf jetzt 350 Kilometer pro Tag gestiegen. Mein Tagesziel ist heute Sudak auf der östlichen Krim, wo ich mir sicherheitshalber heute Morgen an der Hotelrezeption ein Zimmer habe reservieren lassen. Hier ist jetzt Hochsaison, und die Orte sind voll mit russischen Badegästen.

Ich freue mich auf eine entspannte Etappe immer an der Küste entlang und werde nicht enttäuscht. Die gute Straße schlängelt sich abwechslungsreich durch Weinberge und Badeorte. Immer wieder bieten sich herrliche Ausblicke auf Meer und Küste. Das ist Kurvenspaß pur!

## Überraschend zu zweit unterwegs

An einem dieser Aussichtspunkte werde ich auf Deutsch angesprochen. Es ist Matthias aus Innsbruck, der mit seiner schwer bepackten KTM Adventure in typischem Firmenorange zu mir aufgeschlossen hat und auf mein Kennzeichen aufmerksam geworden ist. Wir sind uns auf Anhieb sympathisch und stellen fest, dass wir für die folgenden Kilometer dieselbe Route haben. Matthias' Erfahrungen mit den Grenzübertritten in dieser Region sind offenbar auch nicht die besten. Also beschließen wir, den Weg über die russische Grenze gemeinsam zu machen. Das Fahren zu zweit macht auch viel Spaß, und wir freuen uns beide, einmal wieder Deutsch reden zu können und Reiseerlebnisse auszutauschen.

Ganz ohne Stress erreichen wir gegen Abend Sudak und checken beide in dem von mir vorgebuchten Hotel ‚Gorizont' ein. Das Personal begegnet uns mit der üblichen ukrainischen

Unfreundlichkeit. Vom Geldautomaten in der Lobby abgesehen, fühlen wir uns in die alte Sowjetunion zurückversetzt. Das wohl ehemals gute Hotel hat seine besten Tage offensichtlich hinter sich.

Im warmen letzten Sonnenlicht kraxeln wir auf den ausgedehnten und gut erhaltenen Ruinen eines auf einem mächtigen Küstenfelsen gelegenen genuesischen Kastells herum. Laut Reiseführer war Sudak einer der nördlichen Endpunkte der legendären Seidenstraße. Von hier aus konnten die aus dem Osten kommenden Waren einfacher und vor allem gefahrloser auf Schiffen gen Westen transportiert wurden. Nun habe ich sie also erreicht – die Route, die mich auf den Spuren Marco Polos bis nach China führen soll. Ich bin stolz und zuversichtlich, dass ich es schaffen kann.

Auf dem abendlichen Weg mit den Motorrädern in die Stadt machen Matthias und ich allerlei übermütigen Unsinn. Auf der Amüsiermeile von Sudak am Strand essen wir ein leckeres Schaschlik in einem kleinen Restaurant. Um uns herum wimmelt es von Russisch sprechenden Badegästen. Es gibt sogar eine Stripperin, die im ersten Stock einer Tanzbar in lasziven Posen an einer Stange zu dröhnender Musik ‚tanzt'. Von Jalta aus Richtung Osten hat der Chic der Orte kontinuierlich abgenommen.

Montag, 20. Juli
Sudak (Ukraine) → Anapa (Russland)
274 km, Motorrad

Die Grenze ruft! Aber Matthias möchte vorher noch eine aktualisierte Grüne Versicherungskarte aus dem Internet herunterladen und ausdrucken, weil er gehört hat, dass diese seit Neuestem auch in Russland gelten soll. Und das könnte ja auch für mich interessant sein. Bevor das Internetcafé um zehn öffnet, müssen wir uns noch etwas die Zeit vertreiben. In einem Straßencafé erhalten wir ein vernünftiges Omelette und einen

Kaffee. Aber das Warten war umsonst. Die erwartete Mail für Matthias ist nicht eingetroffen.

Also muss es so losgehen Richtung Grenze. Anfangs noch etwas wellig, ab und zu unterbrochen durch einen Badeort, wird es auf dem nadelförmigen östlichen Ausläufer der Krim ab Feodora dann völlig platt, sandig und einsam. Eine letzte Geschwindigkeitskontrolle der Polizei nehmen wir noch rechtzeitig wahr und bremsen runter. Ansonsten immer Vollgas Richtung Fähre nach Russland.

Als wir um halb zwei in Port Krim ankommen, ist die Fähre gerade abgefahren und die nächste geht erst in fast drei Stunden. Es ist also Geduld angesagt. Mit uns in der Warteschlange stehen ein Audi mit D-Kennzeichen und zwei junge russische Motorradfahrer, die von ihren bildhübschen Freundinnen im Pkw begleitet werden. Im Audi sitzt eine kirgisische Familie, die nach Deutschland ausgewandert ist. Beide Gruppen werden uns an der Grenze noch sehr hilfreich sein.

Endlich kommt Bewegung in den Laden. Wir kaufen Tickets für die Fähre, leisten unseren Tribut an auszufüllenden Formularen an die ukrainischen Grenzbeamten. Unaufgefordert dolmetschen uns die russischen Motorradfahrer die kyrillisch geschriebenen Formulare und helfen uns beim Ausfüllen. Dabei erfahren wir, dass sie in Murmansk am Eismeer wohnen und den ganzen Weg in den Urlaub auf die Krim mit ihren Motorrädern zurückgelegt haben. Das sind immerhin 3.500 Kilometer. Nun sind sie auf dem Rückweg über dieselbe Distanz, begleitet von ihren Freundinnen, die im Pkw das Gepäck transportieren. Schließlich dürfen wir auf die Fähre rollen, den so genannten Krim-Kaukasus-Shuttle, die den schmalen Einlass vom Schwarzen in das Asowsche Meer überbrückt.

Nach einer Verschnaufpause auf der kurzen Überfahrt entbrennt der Formularkrieg auf der russischen Seite umso heftiger. Zum Glück sind die Grenzbeamten angenehm korrekt bis freundlich. Einer spricht sogar ziemlich gut Deutsch, das er sich vollständig im Selbststudium beigebracht hat. Schließlich haben wir dank der Hilfe und Geduld der lieben Kirgisen doch noch alles richtig gemacht, unsere Rubel für die Fahrzeugversicherung und andere nicht näher bezeichnete ungewollte Dienstleistungen entrichtet und rollen nach geschlagenen drei Stunden als allerletzte Passagiere vom Hof.

Hurra, wir sind in Russland! Matthias und ich fallen uns am Strand des Asowschen Meers erst mal in die Arme, als die Anspannung der Grenze von uns abfällt. Jenseits der Meerenge zeichnen sich im Westen die Berge der Krim bläulich ab. Und von uns bisher nicht bemerkt türmen sich am Himmel darüber drohende Gewittertürme auf. Wie schnell zieht denn eigentlich ein Gewitter? Haben wir mit unseren Motorrädern die Chance, ihm davonzufahren? Versuchen wollen wir es auf jeden Fall, noch vor dem Gewitter unser Ziel für heute, den Badeort Anapa, zu erreichen. Das sind noch etwa hundert Kilometer.

Es wird ein wilder Ritt unter blitzendem Himmel durch weite Dünenlandschaft. Die Strahlen der Abendsonne erleuchten kontrastreich das Panorama vor uns. Nach hinten sollte man aber besser nicht schauen. Hammerartig einsetzende heftige warme Böen reißen mich gelegentlich unsanft aus meiner Bewunderung des Naturschauspiels. Leider wird bei mir nun auch noch der Sprit knapp in dieser wenig besiedelten Gegend. Bis Anapa kann ich es auch unter günstigsten Annahmen unmöglich schaffen. Und bisher hielt ich es noch nicht für nötig, meinen 5 Liter Reservekanister, den ich im Topcase habe, zu befüllen. Da ist es jetzt doch sehr beruhigend, zu zweit zu sein. Zu dumm und völlig überflüssig, dass ich, anstatt in Sudak noch einmal zu tanken, auf Matthias gehört habe, der lieber erst kurz vor der Fähre sein letztes ukrainisches Geld in Benzin umsetzen wollte. Aber wir hatten zu hoch gepokert, und es kam keine Tankstelle mehr vor der Grenze.

Da, endlich taucht einer der ersehnten Tankstellenwegweiser an der Straße auf, und wir rollen auf das Vorfeld einer ehemaligen Kolchose, wo sich zwei völlig verrostete Zapfsäulen befinden. Unsere Euphorie ist schnell verflogen, als wir vor einem dicken Schloss stehen und weit und breit kein Mensch zu sehen ist. Also leider nur vertane Zeit und kein Benzin. Mein kleines Moped besitzt keine Tankanzeige, so dass ich aufs Schätzen angewiesen bin. Dass ich überhaupt noch Benzin im Tank habe, muss ich der gemächlichen Fahrt an diesem Tag zu verdanken haben. Das Gewitter ist uns weiterhin auf den Fersen. Aber noch ist es zum Glück trocken. Zwanzig bange Kilometer weiter wieder ein Tankstellenwegweiser. Und dieses Mal führt er uns zu einer sauberen neuen Station. Aber wieder weit und breit kein Mensch, und das Kassenhäuschen ist verschlossen. Es ist ja wie verhext! Wir rütteln völlig sinnlos an den Zapfanlagen, als sich am Kassenhäuschen unvermittelt eine kleine Metallklappe auftut, aus der sich uns wortlos eine Hand entgegenstreckt und nach Geld verlangt. Dieses Erlebnis mit der russischen Freundlichkeit wird uns noch lange erheitern. Egal, wir bekommen den ersehnten Saft für unsere Bikes und sehen zu, dass wir unseren Weg Richtung Anapa fortsetzen.

Nun hat uns der Gewitterregen aber doch eingeholt. Und wir bekommen eine heftige Dusche ab. Außerdem wird es nun wirklich dunkel. Also hinein in die Regenkombi und schnell die wenigen Kilometer bis Anapa abgespult. Dort steht das Wasser zentimeterhoch in den Straßen, und es ist natürlich niemand unterwegs, den wir nach dem Hotel fragen könnten. Nach einiger Irrfahrt in der Stadt erreichen wir aber schließlich das von mir schon aus Deutschland vorgebuchte edle Parkhotel. Nach einer erfrischenden Dusche nehmen wir auf der Strandpromenade einen Imbiss und bereden bei einigen Bieren die Abenteuer des Tages. Um ein Uhr in der Nacht falle ich todmüde ins Bett.

Auf dem Weg nach Anapa. Wettlauf mit dem Gewitter hinter uns

## Auf den Spuren des Zweiten Weltkriegs

Dienstag, 21. Juli
Anapa → Rostow
468 km, Motorrad

Unser Parkhotel liegt über dem Meer direkt an der Promenade dieses feinen Schwarzmeer-Kurorts. Als ich um 8:30 Uhr vor die Tür gehe, ist der Strand schon gut gefüllt, und es strömen immer mehr Menschen hinunter ans Wasser. Das Gewitter der letzten Nacht hat sich verzogen und hat wieder bestem Sommerwetter Platz gemacht. Also kann ich weiter in ‚kurz‘ fahren – herrlich. Das Frühstück nehmen Matthias und ich auf der Terrasse des Hotels ein. Danach führt uns sein GPS ganz bequem aus der Stadt heraus. Warum haben wir es eigentlich gestern Abend nicht benutzt?

Danach trennen sich an der Gabelung zweier großer Straßen bald unsere Wege. Während Matthias weiter die Schwarzmeerküste entlang vielleicht noch bis Sotschi fahren möchte, geht es für mich durch die nördlichen Ausläufer des Kaukasus Richtung Kaspisches Meer ostwärts. Besichtigungstouren und Umwege über reizvolle Bergstraßen lässt mein Zeitplan einfach nicht zu. Als nächstes will ich Kasachstan durchqueren, immerhin das Land mit der siebtgrößten Landfläche der Erde. In Asien warten ganz andere Dimensionen auf mich. Es waren zwei nette, lustige und abwechslungsreiche Tage mit Matthias. Da wir beide von Astrachan aus nach Kasachstan einreisen wollen, verabreden wir, über Handy Kontakt zu halten, ob wir uns vielleicht dort noch einmal treffen können.

Die gut ausgebaute breite Fernstraße windet sich durch den mittelgebirgigen Kaukasus, in dem noch einige Regenwolken festhängen, von denen ich zwischendurch ein oder zwei harmlose Schauer abbekomme. Aber sobald ich das Flachland um Krasnodar erreicht habe, scheint wieder verlässlich die Sonne bei Temperaturen, die durch das Gewitter nun viel angenehmer geworden sind. Es sind ideale Fahrbedingungen, um Strecke zu machen. Am Straßenrand erfreuen mich immer wieder die typischen russischen Holzhäuschen mit ihren phantasievollen Anstrichen in krassen Farbgebungen.

Von Krasnodar mit seinen 700.000 Einwohnern bekomme ich außer einem massiven Verkehrsstau fast nichts mit. Da hätte ich doch lieber auf der Autobahnumgehung bleiben sollen. Aber mir war es zu langweilig, in dieser baumlosen, ebenen Niederung immer nur Autobahn zu fahren. Schließlich schaffe ich es, mich an den endlosen Autoschlangen rechts vorbei zu mogeln, und kann wieder Gas geben. Die Geschwindigkeitsbeschränkungen und Überholverbote beachte ich allerdings genau. Denn oft lauert Polizei im zwielichtigen Schatten von Bäumen, um Verkehrssünder mit Videokamera und Laptop dingfest zu machen. Noch konnte ich den Kontakt vermeiden. Und ich bin auch gar nicht scharf darauf.

Mit der Abendsonne im Rücken erreiche ich mein Tagesziel Rostow, eindrucksvoll über die große Don-Brücke auf die Stadt am gegenüber liegenden Hochufer zufahrend. Der Lonely Planet bietet nur unzureichende Übernachtungsempfehlungen. Aber *ein* Hotel reicht ja für mich. Und schon bald finde ich im nichtssagenden Hotel ‚Rostow' ein Zimmer. Die freundlichen Empfangsdamen mit guten Englischkenntnissen machen das Haus dann aber doch sympathisch. Ideal für eine unkomplizierte Nacht.

Zum Abend mache ich noch eine kleine motorisierte Stadtbesichtigung, die in einem gehobenen Restaurant auf dem Dach eines Einkaufszentrums am Ufer des Don endet. Eine Live-Sängerin trägt zu Herzen gehende russische Volkslieder vor, während ich ein gutes Abendessen genieße, die anderen fröhlichen Gäste beobachte und am gegenüber liegenden Donufer langsam die Sonne untergeht. Eine perfekte Inszenierung.

Mittwoch, 22. Juli
Rostow → Wolgograd
493 km, Motorrad

Im Business-Center des Hotels gibt es Internet, so dass ich schnell einmal meine E-Mails lesen und eine Sammelmail verfassen kann. Es ist mal wieder herzerwärmend, die vielen teilnehmenden Zuschriften zu lesen. Wie schön, dass ich doch nicht so allein reise, wie ich mich manchmal fühle. Um das zu würdigen, beantworte ich *jede* Mail wenn auch manchmal kurz. So viel Zeit muss einfach sein.

Als ich schließlich die Autobahn unter meinen Rädern habe, ist es bereits Mittag. Wenn ich es heute noch bis Wolgograd schaffen will, muss ich mich für die vor mir liegenden fast 500 Kilometer aber gewaltig sputen. Trotzdem will ich nicht hetzen, sondern lasse alles möglichst harmonisch fließen und gönne mir in einem Eichenwäldchen sogar noch einen kurzen, aber erholsamen Nachmittagsschlaf, als ich merke, dass die Konzentration nachlässt.

Beeindruckt bin ich von einem Wegweiser, auf dem die Entfernung nach Moskau angegeben ist. Es liegt genau eintausend Kilometer nördlich von mir. Wie gewaltig die Entfernungen in diesem riesigen Land doch sind! Jörg wird mit seiner Prophezeiung recht behalten. Ich werde es nicht bis Moskau schaffen. Aber habe ich das denn je gewollt? Nein, er hätte nur besser zuhören müssen! Mir ist jetzt klar, dass ich genau die richtige Art des Reisens für mich gewählt habe. So fühle ich mich wohl. Mit meinem kleinen Bike und dem Fünfzehn-Kilo-Rucksack auf dem Rücken bin ich gut gerüstet für das, was noch vor mir liegt, den Kontinent Asien. Bis Almaty und die Grenze zu China ist es von hier aus noch mehr als viertausend Kilometer weit.

Man könnte die endlosen Weizen- und Sonnenblumenfelder mit dem sich darüber spannenden klaren blauen Himmel für langweilig halten. Auf mich machen sie einen starken Eindruck und befreien die Seele.

Aber mit der Zeit schmerzt der Po. Gelegentliche Veränderung der Sitzposition hilft etwas, aber angehalten wird nur noch zum Tanken. „Weiter, weiter, das ziehen wir jetzt durch!" Wieder einmal greife ich auf die Worte meines Fitnesstrainers Markus vom letzten Winter zurück, um mich aufzuladen. Nur die Überquerung des majestätisch dahinfließenden Don ist mir noch einen extra Stopp wert. Nach der Oder, der Weichsel und dem Dnjepr ist dies der vierte große europäische Strom, den ich von West nach Ost überquere. Vor der endlosen wasserarmen kasachischen Steppe und der Einfahrt nach Asien liegt dann nur noch die Wolga, die nun auch nicht mehr weit ist.

Schon eine Stunde später taucht die Millionenstadt Wolgograd im Abendlicht vor mir auf. Deutlich zeichnet sich die Monumentalstatue ‚Mutter Heimat' zur Erinnerung an die Schlacht von Stalingrad am Himmel ab. Im Stadtzentrum erkundige ich mich bei einem Biker auf einer Suzuki nach dem Hotel, das ich mir am Abend vorher in Rostow im Reiseführer ausgesucht habe. Es ist für ihn Ehrensache, dass er mich persönlich hinführt. Wegen der Totalzerstörung der Stadt 1943 stammen fast alle Gebäude hier aus den späten 1940er Jahren. So ist auch mein ,Hotel Intourist' ein Kasten aus besseren Sowjettagen, innen mit schweren roten Samtvorhängen, riesigen vergoldeten Kristalllüstern und schöner Holzvertäfelung. An der Rezeption wird perfekt Deutsch bzw. Englisch gesprochen. Warum auch immer, abends bin ich im geräumigen Hotelrestaurant der einzige Gast. Aber mein geschundenes Sitzfleisch und ich haben keine Lust mehr, uns in der nicht gerade einladenden Stadt noch etwas anderes zu suchen.

Donnerstag, 23. Juli
Wolgograd → Astrachan
456 km, Motorrad

Als Erstes am Morgen plane ich den Besuch des Mamajew-Hügels. Durch die 84 Meter hoch über seinem Gipfel aufragende Statue ,Mutter Heimat ruft' ist er leicht zu finden. Der Hügel war in der Schlacht um Stalingrad ein heftig umkämpfter Ort. Unten strömt die Wolga in endlos weiter Landschaft vorbei. Ich parke mein Bike am Fuß des Hügels und beginne zusammen mit unzähligen anderen Touristen und Pioniergruppen mit ihren Anleitern den Aufstieg über die eindrucksvoll gestaltete Treppenanlage. Die Vorstellung, dass hier über eine halbe Million Menschen    sowjetische und deutsche Soldaten sowie Einwohner von Stalingrad – gestorben sind, bewegt mich tief. Wie glücklich für mich, dass ich heute als friedlicher Besucher hierher kommen darf. Welch ein verbrecherischer Krieg, welch ein sinnloses Leiden und Sterben. Oben am Sockel des Denkmals angekommen, lege ich einen kleinen Blumenstrauß ab, den man unten kaufen konnte.

Statue ‚Mutter Heimat ruft‘ auf dem Mamajew-Hügel in Wolgograd

Auf dem Weg zurück nach unten sehe ich schon von Weitem, dass sich Menschen um mein Motorrad drängen. Es sind Deutsch-Russen aus Düsseldorf, die auf Verwandtenbesuch in ihrer alten Heimat sind. Sie sind begeistert, mit mir zu sprechen, und finden es unglaublich, was ich schon geleistet habe.

Während einer Rotphase an einer Ampel frage ich einen neben mir haltenden Lada-Fahrer nach dem Weg zum Panoramamuseum. Er lässt es sich nicht nehmen und lotst mich persönlich dorthin. Zusätzlich gibt er mir einen Zettel mit seiner Handynummer, falls ich noch irgendwie seine Hilfe brauchen sollte. Da das Museum gerade erst öffnet, bin ich noch fast der einzige Besucher. Es ist faszinierend aber zugleich auch unheimlich, in den dunklen Sälen durch die lebensechten Reliquien der grausamen Vergangenheit zu streifen. Das Gefühl steigert sich noch, als ich die in der Kuppel befindliche 360°-Panorama-Darstellung der Schlacht in 3D mit Tonuntermalung betrete. Ich habe das Gefühl, mitten im Kriegsgeschehen zu sein.

Als ich draußen in die Wärme und den hellen Sonnenschein trete, hat mich die Wirklichkeit wieder. Es wird jetzt Zeit, dass ich mich immer entlang der Wolga Richtung Astrachan aufmache. Über Handy habe ich mich inzwischen dort mit Matthias verabredet, der in den vergangenen Tagen einige Offroad-Erfahrungen mit Zelt in der kaspischen Senke sammeln wollte.

## Wiedersehen mit Matthias

Nach Auskunft des Tankwarts in Wolgograd, bei dem ich noch einmal volltanke, sollen es 450 Kilometer bis Astrachan sein. Ich gebe Gas und sause auf guter Straße davon in die fast unbewohnte Steppe. Von Matthias erfahre ich per SMS, dass er bereits angekommen ist, Quartier gemacht hat und dort auf mich wartet. Nach gut fünf Stunden ermüdender Fahrt erreiche ich bei bestem Wetter die Ausläufer von Astrachan. Die ganze Stadt pulsiert vor Lebensfreude. Mitten in der Stadt springen Jugendliche von Brücken in einen der zahlreichen Wolgaarme, die die ganze Stadt durchziehen. Nur zu gern würde ich mich spontan mit ihnen erfrischen. Aber ich will Matthias nicht noch länger warten lassen.

Beim Suchen nach der Hoteladresse in dieser fremden Stadt beneide ich ihn um sein Navi. Doch nach einiger Fragerei klappt es auch ohne GPS. Die Sprachbarriere bereitet weniger Probleme als man es sich vorstellen könnte, obwohl es eine große Ausnahme ist, wenn man auf der Straße jemanden trifft, mit dem man Englisch sprechen kann. Aber mein Russisch-Wortschatz ist seit meiner Einreise in die Ukraine auch förmlich explodiert. Wenn man mit einer niedrigen Zahl beginnt, kann man sich eben gewaltig steigern. Zu Хдеб und Пиво haben sich inzwischen weitere nützliche Vokabeln gesellt. Außerdem habe ich gelernt, dass es im Russischen kein ‚H' gibt und es im Anlaut durch ‚G' ersetzt wird. Mit einem Veteranen der Roten Armee, der mir begeistert erzählte, wo er in Deutschland überall stationiert war, hätte es deshalb fast Streit gegeben, weil er einfach nicht glauben konnte, dass ich die deutsche Stadt *Galle* nicht kenne. Erst als ich darauf kam, dass wohl *Halle* gemeint war, löste sich das Problem.

Nach meinem Einchecken im Hotel ‚Azimut' gehen Matthias und ich zusammen in ein Straßenrestaurant auf der Promenade zur Wolga, um gut zu essen und Erlebnisse auszutauschen. Wir freuen uns, dass wir endlich einmal wieder, ohne zu radebrechen, in unserer Muttersprache drauflosreden können, und machen uns anschließend zu Fuß zu einem Stadtbummel auf, der uns erst bei Dunkelheit wieder zurück ans Flussufer führt. Hier flaniert jetzt halb Astrachan und genießt die warme Sommernacht. Man hat das Gefühl, dass die Leute nach der grauen Sowjetzeit alles an Lebensfreude doppelt nachholen wollen. Es ist eine heitere, ausgelassene Stimmung, von der wir uns gerne anstecken lassen. Bei einem letzten Bier aus dem kleinen Magazin im Souterrain klingt der Tag aus. Was für eine herrliche Einrichtung sind diese kleinen Verkaufsstellen in Russland doch, die über und über mit Waren vollgestopft sind, bis auf eine kleine Luke in Brusthöhe, durch die kaum mehr als eine Flasche Bier oder eine Packung Gebäck passt.

Danach ins Bett – und schon eingeschlafen.

Freitag, 24. Juli
Astrachan (Russland) → Atyrau (Kasachstan)
365 km, Motorrad

Am nächsten Morgen werde ich schon um sieben Uhr von durchdringenden Trillerpfeifen geweckt. Aus meinem Hotelfenster im achten Stock mit Blick auf die Wolga bietet sich mir ein grandioses Bild: Im Strom ankern Kriegsschiffe der Roten Marine, alle über die Toppen geflaggt, auf denen die Besatzungen in Paradeuniform angetreten sind. Der Kommandeur fährt langsam auf seiner weißen Motorjacht an der Formation entlang und nimmt die Flottenparade ab. Bei jeder Vorbeifahrt an einem der Schiffe erklingt ein dreifaches „Hurra, hurra, hurra" aus hundert Matrosenkehlen.

Matthias und ich sind beide wegen des bevorstehenden Grenzübertritts nach Kasachstan angespannt und wollen möglichst zügig aufbrechen. Auf dem Weg aus der Stadt heraus profitiere ich ein weiteres Mal von seinem GPS. Noch schnell volltanken, jetzt unbedingt auch den Reservetank in meinem Topcase, was sich schon sehr bald bewähren wird. Dann geht es Richtung Osten über unzählige romantische Wolgaarme hinaus aus der Stadt. Einmal rumpeln wir sogar einspurig über eine kostenpflichtige lange Pontonbrücke.

Überquerung eines Wolgaarms auf einer Pontonbrücke

An einem der üblichen russischen Landstraßencheckpoints wird Matthias von einem Polizisten mit finsterem Gesicht heraus gewunken. Ein weiterer Bulle steht mit Kalaschnikow MP sichernd daneben. Auch das noch. Ich habe ein mulmiges Gefühl. „Passport!", bellt es barsch. Aber Matthias denkt gar nicht daran, seinen Pass hervorzuholen, sondern textet den Schergen in breitem Tirolerdeutsch zu. Der versteht natürlich gar nichts. Aber schließlich will er wohl auch kein Spielverderber sein, und ein Dritter kommt heran, der sogar ein paar Brocken Deutsch kann. Am Ende hätte nicht viel gefehlt und wir hätten uns alle samt Kalaschnikow zum Erinnerungsfoto vor den Motorrädern aufgestellt. Als Matthias und ich wieder in Fahrt sind, feixen wir uns eins und düsen weiter Richtung Grenze, die nun auch sehr bald auftaucht.

Die Ausreise auf der russischen Seite ist überhaupt kein Problem. Schon in einer guten halben Stunde sind wir durch. Aber die kasachische Station, die mehrere Kilometer entfernt liegt, macht sich schon, bevor man sie überhaupt sehen kann, durch einen unerfreulich langen Lkw-Stau bemerkbar. An diesen und auch an den davor wartenden Pkw schieben wir uns als Zweiradfahrer diskret bis direkt vor den Schlagbaum vorbei. Aber die kasachische Grenzpolizei macht schon seit geraumer Zeit Mittagspause. Bei sengender Hitze tut sich hier eine Stunde definitiv gar nichts. Mit uns zusammen warten noch drei Jungs aus Amsterdam in einem ältlichen Audi 80 voller Bierpaletten auf dem Rücksitz und zwei ältere deutsche Abenteurer in ihren Landrovern vor dem abgeschlossenen Zauntor, das uns von Kasachstan trennt. Irgendwann kommt schließlich doch ganz schläfrig Bewegung in die Sache, und zusammen mit den Holländern sind wir die Ersten, die sich auf die wieder einmal zahlreichen Formulare stürzen dürfen. Alle helfen sich gegenseitig so gut es geht beim Ausfüllen, und nach gut drei Stunden Prozedur und pro Person 400 Rubel ‚Gebühren' sind wir endlich mit allen notwendigen Stempeln ausgestattet. Ob wir damit nun tatsächlich haftpflichtversichert sind oder nicht – wer weiß das schon…

Egal. Wir sind in Kasachstan!!! Und bei 80 km/h Fahrt klatsche ich erleichtert mit Matthias ab. Wir geben Gas und fahren voll Abenteuerlust mit den Strahlen der tief hinter uns stehenden Nachmittagssonne in das fremde Land hinein. Nur solange die Ausläufer der Wolga noch Wasser spenden, gibt es einige ärmliche Ansiedlungen. Danach tauchen die ersten Salzseen und Kamele auf. Auch die wenigen Menschen, denen wir begegnen, haben auf einmal überwiegend asiatische Gesichtszüge mit schmalen Augen, hohen Wangenknochen, schwarzen Haaren und brauner Hautfarbe.

Innerlich völlig ausgedörrt vor Hitze und Aufregung an der Grenze stürze ich in einem kleinen Lehmbau, der als Raststätte dient, einen ganzen Liter kühle gegorene (Kamel-?) Milch in mich hinein. Sie schmeckt himmlisch! Dazu serviert die Wirtin uns leckere, frisch gebackene Eierpfannkuchen.

Raststätte in der kasachischen Steppe

Als nach zweihundert Kilometern Fahrt durch die Steppe immer noch keine Tankstelle auftaucht, muss ich meinen Reservekanister einfüllen. Wie gut, dass ich ihn dabeihabe! Bald danach verabschiede ich Matthias, der südwärts ans Kaspische Meer fahren will, um dort einige Tage zu zelten. Danach wird er Kurs Mongolei nehmen, um schließlich über den weiten Weg durch Russland in seine Heimat Tirol zurückzukehren. Ich sollte dann schon längst in Shanghai vor meinen chinesischen Studenten stehen, um sie in die Geheimnisse der Regelungstechnik einzuweihen. Nicht nur in Kilometern ist das im Moment für mich ganz schön weit weg.

Mit den tief orangen letzten Sonnenstrahlen erreiche ich am Abend die Provinzhauptstadt Atyrau, wo ich in einem Businesshotel gut aber nicht ganz billig unterkomme. Das Motorrad darf ich in einen Drahtkäfig einstellen, in dem auch die Bediensteten ihre Zweiräder sicher aufbewahren.

## Durch die Hungersteppe

Samstag, 25. Juli
Atyrau → Bayghanin
381 km, Motorrad

Im Hotel nutze ich noch einmal den Komfort des Business-Centers und setze die Mail ‚Asia under my Wheels' an meine Freunde zu Hause ab. Wer weiß, was in Zukunft an Kommunikation noch möglich ist. Außerdem bietet das Hotel ein herrliches Buffet-Frühstück – allerdings bin ich in einem riesigen Saal der einzige Teilnehmer.

Dies war übrigens meine erste Nacht in Asien. Denn der Fluss Ural, der aus dem Ural-Gebirge kommend durch Atyrau ins Kaspische Meer fließt, ist die etwas willkürliche Grenze durch den Doppelkontinent Eurasien. Da das Hotel auf dem Ostufer liegt, bin ich also schon in Asien. Trotzdem gönne ich es mir am Morgen noch einmal, ganz bewusst und nicht ohne Stolz die Brücke in den neuen Erdteil zu überfahren. Nun wird es richtig spannend.

Schnell habe ich die Stadt mit 150.000 Einwohnern hinter mir gelassen und bin wieder von baumloser Steppe umgeben, so weit das Auge reicht. Links und rechts von mir in der Sonne gleißende Salzseen und immer wieder Kamele, die an vertrockneten Steppengewächsen knabbern. Ab und zu hocken auch Geier in einiger Entfernung von der Straße in ihrer typischen verdrießlichen Körperhaltung, leider zu weit, um sie zu fotografieren.

Irgendwann kann ich der Versuchung nicht länger widerstehen, die Straße zu verlassen. Ich fahre quer durch die Steppe auf einen Salzsee. Ein irres Gefühl. Anders als erwartet, ist die Oberfläche nicht hart sondern sie gibt etwas nach. Zum Glück habe ich mit meinen Straßenreifen noch ausreichend Grip.

Ausflug auf einen Salzsee

Trotzdem bin ich vorsichtig beim Kurvenfahren. Ein Beinahe-Ausrutscher auf geschmolzenem Asphalt an einer russischen Tankstellenausfahrt war mir Warnung genug! Auf keinen Fall will ich durch Übermut die ganze Reise aufs Spiel setzen. Aber das muss ja ein wenig Spaß nicht vollkommen ausschließen.

Von Matthias habe ich gelernt, dass man wunderbar vom fahrenden Motorrad aus fotografieren kann. Warum nicht auch filmen. Also mache ich mit meinem Fotoapparat noch ein paar Videosequenzen von meinen Offroad-Abenteuern und bin total beseelt. Einfach exzeptionell, dass ich das erleben darf. Das ist irre, abgefahren und durchgeknallt zugleich, was ich hier mit meinem kleinen Haushalt auf dem Rücken mache.

Schneller, als mir lieb ist, werde ich jedoch von der Realität eingeholt. Das, was die Ausnahme sein sollte, wird schon bald zur zeit- und kräftezehrenden Realität für die restlichen 250 Tageskilometer und weit darüber hinaus. Im kleinen Öl- und Gasförderzentrum Maqat begreife ich erst beim dritten Anlauf, dass die Lehmpiste unter mir die Straße nach Aqtöbe sein soll. Es gibt keine bessere! Auf der Landkarte ist hier doch eine dicke rote Fernstraße eingezeichnet. – Es hilft nichts. Der Straßenbelag ist mindestens seit Sowjetzeiten nicht mehr ausgebessert worden, so dass er wegen seiner kratertiefen Schlaglöcher von Autos gemieden wird und diese lieber auf eine der vielen Parallelpisten in die Steppe ausweichen.

Nach einer gewissen Lernphase finde ich sogar Gefallen daran, durch die Steppe zu düsen. Oft ist der Lehm eben und hart gebacken und lässt sich sehr gut befahren – aber leider nicht verlässlich und überall. Teilweise lauern auch ausgeprägte Bodenwellen, die zu befahren allerdings durchaus auch Spaß macht, wenn man sich nicht von ihnen überraschen lässt. Bei schlecht sichtbaren, unter Flugsand verborgenen Spurrillen wird es dann aber doch ziemlich kriminell, und ich muss sehen, dass ich möglichst sofort langsam werde, ohne dabei jedoch zu bremsen, weil das gleich einen Sturz zur Folge haben könnte. Das ist echtes learning-by-doing. Die Hoffnung, dass die Piste nur eine kurze Episode bleibt, schwindet zunehmend. Wenigstens gibt die Eisenbahntrasse, die in einiger Entfernung verläuft, immer die grobe Richtung an. Mein ehrgeiziges Tagesziel, heute die T-Kreuzung bei Qandyaghash zu erreichen, muss ich schon am Vormittag begraben. Da vorher keine nennenswerten Orte zum Übernachten auf der Karte eingezeichnet sind, ist jeder Druck raus, und ich kann mich ohne Hetze am Offroadfahren freuen. Genau das wollte ich doch. Und nun habe ich es. – Einfach herrlich frei. Matthias hat so recht, wenn er sagt: ‚Wenn wir hätten Autobahn fahren wollen, wären wir nicht hierhergekommen.' Bei diesen sommerlichen Temperaturen werde ich auch ohne Probleme einmal eine Nacht in der Steppe schlafen können, wenn ich nichts zum Übernachten finde.

Aber zunächst brauche ich mal wieder Benzin. Und die Steppentankstellen machen sich in letzter Zeit leider extrem rar. (Hätte ich bloß in dem öden Maqat noch einmal nachgefüllt…) Da – nein, es ist keine Luftspiegelung – glitzert eine nagelneue Tankanlage in der Steppe. Als ich näherkomme, erweist sie sich aber leider als noch nicht eröffnet. Dafür entdecke ich eine völlig abgewrackte Zapfsäule in der Nähe. Aus einer Werkstatt nebenan bemühen sich aufreizend langsam zwei junge Burschen herüber und fragen mich, wie viel Benzin ich brauche. Wie hier üblich, bezahle ich im Voraus die gewünschte Menge. Ich entscheide mich für fünfzehn Liter (den gesamten Inhalt von Tank und Reservetank), weil ich den Tank für ziemlich leergefahren halte. Sicher ist sicher.

Minimalistische Zapfsäule in der Hungersteppe von Kasachstan

Schon beginnt der ersehnte Saft machtvoll zu fließen. Er kommt direkt, ohne Zapfpistole, aus einem zölligen Gummischlauch. Was ich bestellt habe, bekomme ich auch: Als der Tank voll ist, lassen die Kerle den Rest einfach, ohne mit der Wimper zu zucken, über mein Moped in den Sand weiter laufen. Als sie dann auch noch aus Unachtsamkeit mit dem Schlauch meinen Helm polternd in den Staub stoßen, reicht es mir endgültig. Mit einem Kavaliersstart lasse ich sie hinter mir im Rückspiegel in einer Staubwolke zurück. Eigentlich hätte ich sie ja noch nach Übernachtungsmöglichkeiten fragen wollen. Denn in dieser abgelegenen Gegend versagen die sonst so hilfreichen Auskünfte meines geschätzten Reiseführers ‚Lonely Planet' vollkommen. Hier ist der Planet wirklich einsam. Also muss ich allein herausfinden, ob sich irgendetwas zum Übernachten an der Landstraße bietet.

Ich sehe also erst einmal zu, dass ich noch etwas Strecke hinter mich bringe, bis es dunkel wird. Die Temperatur ist jetzt angenehm, das Benzinproblem gelöst und ich lasse mich durch die herrliche weite Landschaft um mich herum tragen. Es muss ja nichts heißen, dass dieses Gebiet ganz offiziell ‚Hungersteppe' heißt.

Als die Sonne schon ziemlich tief steht, taucht auf der rechten Seite ein kleines Haus auf, das nach einer Raststätte aussieht. Ich biege ein und frage in der Gaststube, ob ich übernachten kann. Die Frau nickt beiläufig, bevor von draußen der Herr des Hauses mit drei ziemlich stämmigen Helfern neugierig hereinkommt. Sie waren gerade dabei gewesen, einen Anbau an die Raststätte zu mauern.

Wir legen uns in einen mit Perserteppichen ausgelegten Nebenraum (natürlich nur die Männer) und lassen erst mal eine Runde kühles Bier die staubigen Kehlen herunter rinnen. Die Männer sehen alle recht vierschrötig und muskulös aus, und ich möchte lieber keinen von ihnen zum Feind haben. Komischerweise spricht der Chef ein paar Brocken Französisch, so dass wir minimal miteinander kommunizieren können. Nach ein paar mehr Bieren greift er sogar zu einer Art Laute, die an der Wand hängt, um ein paar Volkslieder zum Besten zu geben. Doch ganz unvermittelt springt er auf und erklärt mir, dass er Polizist sei und nun auf der Landstraße Streife fahren müsse. Und tatsächlich legt er Uniform an und verabschiedet sich.

Mit ihm verschwindet auch die Truppe seiner Helfer. Nur ich bleibe müde und staubverkrustet auf den Diwanen im Gastraum zurück. Nach ein paar Zeilen, die ich noch versuche, in einem Buch aus meinem Rucksack zu lesen, fallen mir schon die Augen zu, und ich mache es mir so gut es geht bequem. Als wenig später die Wirtsfrau hereinkommt, lacht sie sich kaputt und macht mir klar, dass schon draußen ein Bett für mich gemacht sei. Und tatsächlich, es steht ein eisernes Bettgestell mit Decken hinter dem kleinen Haus, direkt neben meiner treuen ‚Meckerzicke'. Fließend Wasser und WC gibt es hier aber nicht, obwohl ich eigentlich dringend eine Dusche gebrauchen könnte. Stattdessen ist bei der Haustür ein aufgeschnittener Plastikkanister aufgehängt, aus dem man über ein Ventil, das man mit dem Handrücken betätigt, etwas Wasser zum Händewaschen zapfen kann.

Abendstimmung in der Steppe

Ich erlebe einen fantastischen Sonnenuntergang in der Steppe, aus der langsam Abendnebel aufsteigen. Ein Hirte treibt seine Kuhherde nach Hause. Alles ist unglaublich friedlich unter einem in allen Rotfarben erglühenden Himmel, an dem ganz blass der Mond aufgeht. Ich verkrieche mich unter meine Decke und schlafe völlig beseelt ein. Als ich nachts einmal aufwache, wölbt sich über mir ein unendlicher Sternenhimmel, mittendrin die Milchstraße. Mir rinnen vor Glück ein paar Tränen die Wangen herunter. Morgens um halb sechs erstrahlt die Venus an einem Himmel, der nun in allen Pastellfarben, hellblau, türkis, orange, rosa und violett, leuchtet. Um kurz vor acht wache ich endgültig auf, und die Wirtin bereitet mir vor der Abfahrt ein einfaches Fernfahrerfrühstück.

Die Straße bis zum T-Abzweig nach Süden ist von wechselhafter Qualität. Mal kann ich mit achtzig Stundenkilometern dahinsausen, mal diffundiert die Fernstraße in ein Aderngeflecht von einzelnen Pisten, und die Hauptfahrbahn ist ein unbefahrbares Kraterfeld. Auf den Pisten fühlt man sich dann in einer Situation wie in der Schlange im Supermarkt. Jeweils die Nachbarpiste scheint besser befahrbar zu sein, aber nur solange man sich noch nicht durch die Steppe zu ihr vorgearbeitet hat. Ganz gelegentlich sehe ich auch einmal andere Verkehrsteilnehmer. Meistens nehme ich aber nur ihre Staubwolke wahr, die sie auf einer entfernten Piste aufwirbeln.

Kurz vor der Mittagszeit erreiche ich Qandyaghash, wo ich endlich einmal wieder tanken kann. Ansonsten ist dieser staubige Ort wenig einladend und ich sehe zu, dass ich weiterkomme. Mitten in der trockenen Steppe quert die Straße überraschend einen Fluss. Neugierig erkunde ich die Umgebung und bemerke eine Autospur, die zu einem lauschigen Badeplätzchen mit etwas Sandstrand und grünen Sträuchern führt. Nach all der Dürre ist das ein erquickender Anblick.

Ich zögere nicht lange, werfe meine Kleidung ab und bade mir in dem herrlich klaren Wasser allen Staub aus den Poren. Als ich wieder draußen bin, fällt mir der Kontrast zu meiner Kleidung ins Auge. Also mache ich kurz entschlossen schnell noch große Wäsche. Alles einschließlich Stiefeln wird untergetaucht, vom Staub befreit und über das Motorrad zum Trocknen im warmen Steppenwind aufgehängt. Nach einer halben Stunde Pause hier in aller Einsamkeit streife ich die jetzt nur noch halbnassen Sachen wieder über und setze die Fahrt als neuer Mensch fort. Den Rest trocknet der Fahrtwind in kurzer Zeit.

Auf der staubigen Piste ist sehr wenig Verkehr, und die winzigen Ortschaften, die meist nur aus wenigen Lehmhütten mit ein wenig Tierhaltung bestehen, liegen etwa 100 Kilometer auseinander. Die Sonne brennt unbarmherzig vom Himmel ‚Nur hier keine Panne haben', denke ich so bei mir und lausche konzentriert auf das beruhigend gleichmäßige Schnurren des kleinen Motors unter mir.

Gegen Abend erreiche ich Schalqar. Von wegen schönes Hotel mit Dusche und Internet, von dem ich in der Steppe halluziniert habe. Schalqar ist ein Nest in der Steppe mit vielleicht 1000 Einwohnern, das von der Ölindustrie lebt und immerhin eine Bahnstation hat. Von der Tankstelle am Ortseingang aus geleitet mich ein selbsternannter Guide mit seinem Geländewagen zu einem unscheinbaren Hotel. Selbst hätte ich das nie gefunden. Für 25 Euro ist es allerdings reichlich schäbig. Aber vom Zimmerpreis muss die Provisionen des Guides ja wahrscheinlich auch noch bezahlt werden. Nicht einmal vernünftiges Bettzeug oder Toilettenpapier gibt es, dafür aber eine große Banja (Sauna), die ich ganz alleine benutzen kann.

Ein weiterer Hotelgast ist Maxim, ein freundlicher junger Russe, der wegen des guten Geldes hier in Kasachstan als Fahrer bei einer Ölgesellschaft arbeitet, sich aber in diesem Ort wie in der Verbannung fühlt. Er nimmt mich mit ins Bahnhofsrestaurant zum Essen. Wir sitzen mit Bekannten von Maxim zusammen, und ich spüle mir erst mal den Staub der Steppe aus der Kehle. Dann gibt es noch fast eine Handgreiflichkeit zwischen einem Kasachen und mir, weil ich ihn fotografiert habe und er mich für einen Russen hält. Maxim zieht mich zum Glück schnell weiter. Das Verhältnis zwischen den ‚Brudervölkern' der einstigen Sowjetunion scheint spannungsgeladen.

Weil Maxim meint, dass das Motorrad selbst im ummauerten Hof des Hotels nicht sicher sei, wuchten wir es lieber für die Nacht mit Hilfe einer Holzplanke ins Foyer der Herberge.

# Sturz in der glühend heißen Steppe

Genau wie Maxim es mir schon vorhergesagt hat, gibt es am Morgen in diesem gottverlassenen Kaff nirgendwo etwas zu kaufen. Also verlasse ich die ungastliche Stätte zeitig ungefrühstückt mit knurrendem Magen.

Vielleicht ist das der Grund, dass ich von den drei Straßen, die aus dem Ort heraus führen, nicht diejenige finde, auf der ich weiter nach Aralsk fahren will. Als ich mir den Fehler schließlich – viel zu spät – eingestehen muss, weil der Sonnenstand einfach seit langem nicht mehr stimmt, bin ich über schlechteste Piste etwa hundert Kilometer nach Nordosten statt nach Südosten gefahren. Bei einer Tankreichweite von zweihundert bis maximal zweihundertfünfzig Kilometern plus fünf Litern im Reservekanister für weitere gut hundert Kilometer muss ich das sehr ernst nehmen, denn ich bin seit Schalqar durch keine Ortschaft mehr gekommen.

Also was tun?? – Der Ritt durch die Schlaglöcher wieder zurück nach Schalqar, um dort zu tanken und noch einmal neu aufzusetzen, wäre die sichere Variante. Außerdem würde ich dann laut Karte an einem Schiffsfriedhof am stark verlandeten Aralsee vorbeikommen, den ich mir gern ansehen wollte. Ich entscheide mich trotzdem dafür, weiterzufahren, um nach Karte von meinem vermuteten Standort in ca. dreißig Kilometern auf die Hauptstraße M32 zu treffen, die von Aktöbe nach Aralsk führt. Auf den Schiffsfriedhof würde ich so schweren Herzens zu verzichten.

Ich habe Glück. Nach einer knappen Stunde Weiterfahrt erreiche ich die erwartete Kreuzung, an der es sogar eine recht moderne Tankstelle gibt. Meine Hoffnung allerdings, dass die M32 womöglich ein gut ausgebauter Motorway ist, wie die

Bezeichnung auf der Karte nahelegt, trügt. Das mag vielleicht in den Planungen in der fernen neuen Hauptstadt Astana so sein. Was ich hier sehe, ist nichts als sandige Piste von schlechterer Qualität, als ich sie je hatte.

In einem hutzeligen Fernfahrercafé lasse ich mir von der Wirtin zur Stärkung eine heiße Hammelfleischsuppe mit Brot und einen Kaffee servieren und kaufe mir einen Liter Cola als Flüssigkeitsreserve für die Fahrt, da meine Karte auf den folgenden zweihundert Kilometern bis Aralsk keine weiteren Orte verzeichnet. Als sich meine Augen an die Finsternis im Innern des fast fensterlosen Lehmbaus gewöhnt haben, nehme ich als weitere Gäste zwei Trucker wahr. Sie geben mir zu verstehen, dass die Piste in meiner Richtung nach etwa hundert Kilometern in eine Asphaltstraße übergeht – immerhin.

Das erste Mal sehe ich Alamaty als Ziel auf einer der wenigen Wegweisertafeln. Doch bis dorthin sind es noch 2.800 Kilometer

Als ich aus der dunklen Hütte zurück ins gleißende Sonnenlicht trete, umgibt mich wieder flirrende Hitze. Ich schätze die Temperatur auf Ende dreißig Grad Celsius. Zum Glück ist die

Hitze trocken. Aber ich sollte auf ausreichende Flüssigkeitszufuhr achten. Denn mein Körper wird bei der Kombination aus Hitze und Fahrtwind unbemerkt viel ausschwitzen. Von der angenehmen Kühle des Morgens ist jetzt nichts mehr zu spüren. Während ich fahre, sehe ich, wie sich über den verschiedenen Pistensträngen immer wieder kleine Tornados aus Staub bilden, die sich tänzelnd in den Himmel schrauben. Für mich ein Zeichen, diesen besonders sandigen Abschnitten möglichst auszuweichen.

Aber es kommt, was irgendwann kommen musste. In einer besonders tief versandeten Autospur lege ich mich auf die Seite, mein rechtes Bein schmerzhaft unter dem beladenen Motorrad eingeklemmt. Es ist unheimlich still und riecht nach auslaufendem Treibstoff. Aber an den Benzinhahn auf der Oberseite komme ich aus meiner unglücklichen Position nicht heran. Ich muss etwas tun, und das schnell. Irgendwie gelingt es mir nach einigen erfolglosen Versuchen, das Gewicht, das auf mir lastet, mit den Händen abzustützen und mich zu befreien. Erleichtert stelle ich fest, dass meinem Körper nichts Ernsthaftes passiert ist. Nur mein rechter Fuß ist gezerrt. Wie ich es in der Fahrschule gelernt habe, richte ich das Motorrad am eingeschlagenen Lenker mit Unterstützung durch mein Knie wieder auf. Mit Tankinhalt wiegt es immerhin ca. hundertfünfzig Kilogramm. Da braucht man schon die richtige Technik. Das Bike ist zum Glück völlig intakt. Und den Fuß brauche ich nur für die Hinterradbremse. Zur Not kann ich allein mit der Handbremse arbeiten, die aufs Vorderrad wirkt, falls der Fuß auf Dauer nicht belastbar sein sollte.

Ich habe einen gehörigen Adrenalinstoß bekommen und beschließe, noch vorsichtiger und vorausschauender zu fahren. Ich mag mir nicht ausmalen, wann gerade an dieser Stelle das nächste Auto vorbei gekommen wäre, wenn ich auf fremde Hilfe angewiesen wäre. Irgendwie habe ich das Gefühl, dass die Geier nach dem Sturz viel weniger Abstand zu mir halten.

Sturz in der Wüste

Problemlos lassen sie sich jetzt auch fotografieren. Das wäre kein gutes Omen für mich. Oder bilde ich mir das nur ein?

Kleine Tornados warnen mich vor besonders sandigen Pistenabschnitten

Nach vielen quälenden Kilometern fängt endlich eine befestigte Straße an, genau wie der Trucker es beschrieben hat. Mit leerem Reservekanister und Tank auf Reserve erreiche ich schließlich ziemlich müde Aralsk. Aber welche Überraschung: Es scheint hier kein Benzin zu geben. Mehrere Tankstellen, die ich anfahre, sind geschlossen oder ausverkauft.

Ich beschließe, erst einmal ein Hotel zu suchen und mich später ums Tanken zu kümmern. In der Lobby des Hotels ,Aralsk' treffe ich auf den dänischen Traveller Martin. Er spricht gut Russisch und schafft es, den Zimmerpreis von 7.000 auf 5.000 Tenge herunterzuhandeln. Dafür hat er sich meine Einladung zum Abendessen beim Koreaner gegenüber redlich verdient. Das Essen dort ist richtig lecker. Martin studiert Russisch in der kirgisischen Hauptstadt Bischkek und reist gerade mit der Eisenbahn durchs Land. Ich schätze ihn auf Anfang zwanzig und er sieht mit seinem roten Bart und Fischerhemd aus wie ein Wikinger.

Martin vor ausgetrocknetem Hafenbecken in Aralsk

Nach dem Essen schauen wir uns in der Abendsonne das ehemalige Hafenbecken an. Durch das Absinken des Wasserspiegels im Aralsee ist der Hafen völlig ausgetrocknet. Vom See ist weit und breit nichts mehr zu sehen. Einige Schiffe liegen nutzlos auf dem Trockenen. Die große Fischkonservenfabrik rottet halb verfallen vor sich hin. Ein trauriger Anblick.

Mein Benzinproblem löse ich mit Hilfe eines örtlichen Jugendlichen, den ich als Sozius mitnehme und von Tankstelle zu Tankstelle fahre. An der dritten Station werden wir schließlich fündig. In einer langen Schlange warten schon viele Kunden, die Benzin außer in ihre Autos auch noch in alle möglichen und unmöglichen Vorratsgefäße füllen wollen. Benzin scheint hier also tatsächlich knapp zu sein. Ich bin nun aber für die kommenden dreihundertfünfzig bis vierhundert Kilometer erst mal wieder fit. Bis ich in Schymkent endlich die Steppe hinter mir haben werde, sind es allerdings noch etwa tausend Kilometer.

Mit Martin verabrede ich spontan für den nächsten Morgen eine Taxitour zu dem, was vom Aralsee noch übrig geblieben ist. Er hat während seines Aufenthalts hier schon alles ausgekundschaftet und will die Tour für uns organisieren. Für mich überraschend ist, dass die Zeit in diesem Landesteil noch einmal eine Stunde voraus ist. Also heißt es morgen sehr früh aufstehen. Wenn ich es schaffe, möchte ich am selben Tag noch Kyzylorda erreichen, das mehr als vierhundert Kilometer südöstlich liegt.

# Mit Martin zum Schiffsfriedhof

Dienstag, 28. Juli
Aralsk → Baikonur
270 km, Motorrad

Wie vereinbart holt uns ein Lada-Geländewagen auf dem ungepflasterten Vorplatz des Hotels ab. Bei niedrig stehender Morgensonne und noch angenehm frischen Temperaturen rumpeln wir los. Bald haben wir die unglaublich staubige Stadt Aralsk verlassen und rollen auf Pisten über den Grund des ehemaligen Sees.

Nach etwa einer Stunde haben wir drei rostige Schiffswracks erreicht. Es sind ziemlich große ehemalige Fischerboote, die nun hier mitten in der Steppe nutzlos herumliegen. Martin und ich klettern ausgiebig auf den Skeletten herum. An einigen Stellen haben sich Räuber mit Schweißbrennern an den Schiffskörpern zu schaffen gemacht, um Altmetall herauszuschneiden.

Schiffswracks auf dem Boden des Aralsees

69

Schon in Aralsk ist mir aufgefallen, dass in den Straßen oft die Gullydeckel fehlen – anscheinend gestohlen und in den Schrott gewandert. Die Szenerie hier draußen in der einsamen Steppe strahlt eine sehr wehmütige Stimmung aus.

Wir lassen die Schiffe weiter von früheren Zeiten träumen, in denen stolze Fischer einen reichen Fang aus dem See holen konnten und ihre Familien nicht mit Metalldiebstahl am Leben halten mussten. Zum jetzigen Ufer fahren wir noch eine weitere halbe Stunde. Eine Salzkruste aus Bittersalz hat sich am flachen Ufersaum gebildet. Nach Süden, in Richtung Usbekistan, dehnt sich eine unendliche Wasserfläche aus. Auch in seiner geschrumpften Form ist der Aralsee immer noch sehr groß. Alles ist weit und still. Außer dem Wind, der in den Binsen rauscht, und gelegentlich einem Möwenschrei ist nichts zu hören. Man müsste ein Zelt aufstellen und einen ganzen Tag einfach die Ruhe hier genießen.

Um zehn Uhr sind wir schon wieder zurück in Aralsk. Martin hilft mir noch sehr aufopfernd dabei, eine polizeiliche Registrierung zu bekommen. Ich hatte davon gelesen, dass man sich spätestens drei Tage nach der Einreise in Kasachstan registrieren lassen müsste, um bei der Ausreise keine Schwierigkeiten zu bekommen. Von Martin erfuhr ich, dass das noch immer gilt und genau genommen wird. Heute ist der dritte Tag. Nach einer Odyssee durch diverse Amtsstuben in verschiedenen Teilen der Stadt glauben wir schließlich wenigstens schon einmal zu wissen, wer zuständig sein soll. Und eine weitere dreiviertel Stunde Warten wird mit dem begehrten Stempel und einem netten Schwätzchen mit dem betressten Amtsvorsteher belohnt. Ich weiß gar nicht, wie ich das ohne Martins Hilfe und Sprachkenntnisse hätte hinbekommen sollen. Bevor ich endlich losfahre, lade ich ihn noch einmal zum gemeinsamen Mittagessen ein.

# Motorschaden bei Baikonur

Endlich sitze ich wieder auf meinem treuen Motorrad. Die Mittagssonne brennt unbarmherzig vom Himmel und ich habe noch eine Reiseetappe von 450 Kilometern vor mir, wenn ich es heute bis Kyzylorda schaffen will, die nächste Stadt auf meiner Route. Noch weiß ich nicht, welche dramatischen Ereignisse vor mir liegen…

Ich ziehe den Gasgriff gefühlvoll durch, und gleich umweht mich der heiße trockene Fahrtwind angenehm wie von einem riesigen Haarfön. Wegen der extremen Hitze vermeide ich es, Vollgas zu fahren, damit der Motor genug Kühlung bekommt. Immerhin erlaubt die gute Asphaltstraße jetzt problemlos eine Dauergeschwindigkeit von 80 bis 90 km/h. Nur in Kurven muss ich aufpassen. Wenn der heiße Asphalt flüssig wird, kann man darauf sehr leicht wegrutschen. Ich musste damit ja hinter Wolgograd schon einmal schlechte Erfahrungen machen, als ich zu sportlich aus einer Tankstellenausfahrt brausen wollte.

Die Gegend ist trocken, braun und eintönig. Zum Horizont hin lassen Luftspiegelungen die milchig-gleißende Steppe unwirklich flimmern. Ab und zu ein paar weidende Kamele am Straßenrand und ganz selten einmal Gegenverkehr sind die einzigen Abwechslungen. In der letzten Nacht hat mir die Klimaanlage in meinem Hotelzimmer nur wenig Ruhe gegönnt. Immer wenn ich etwas eingedöst war, hämmerte der Kompressor wieder unbarmherzig los, allerdings ohne die ersehnte Kühlwirkung zu erzeugen. Am Abend vorher hatte ich mit Hilfe meines Bordwerkzeugs verschiedene Einstellungen ausprobiert. Den Knebel für den Einstellknopf hatte wohl ein Gast vor mir schon mitgenommen, um auf irgendeinem Flohmarkt cin paar Tenge dafür zu erlösen. Aber ich konnte die kyrillische Beschriftung am Gerät ja sowieso nicht lesen. Nun, nach dem Essen mit Martin, hat mich die Müdigkeit fest im Griff. Damit ich nicht unversehens am Steuer einschlafe, halte ich mich mit lautem Singen unter meinem Helm wach.

Meiner Karte und dem Kilometerstand nach müsste ich inzwischen eigentlich ganz nahe am russischen Raumfahrtzentrum Baikonur sein. Aber kein Wegweiser oder sonst eine Spur von menschlicher Siedlung zeigt sich. Zum Glück kann ich mich nicht verfahren haben, da es nur diese eine Straße gibt, und auch mit dem Sonnenstand stimmt's diesmal. Aber das Benzin wird mal wieder knapp, da taucht zum Glück eine verwahrloste einsame Tankstelle auf. Ich wähle beim mürrischen Tankwart die Sorte mit der höheren Oktanzahl, was auch nur 93 ist, und tanke einschließlich Reservekanister randvoll.

Obwohl es schon bald vier Uhr nachmittags ist, lässt die Hitze einfach nicht nach. Da endlich heben sich rechts der Straße in der Ferne Konturen ab. Schnell wird daraus beim Näherkommen eine größere Stadt. Ich kann den Kühlturm eines Kraftwerks, Eisenbahnanlagen und etliche der für den gesamten Ostblock typischen Wohnblocks erkennen. Das muss Baikonur sein. Als ich sehe, dass die ganze Stadt von einer Mauer umgeben ist, wird mir klar, dass um diesen Ort auch heute noch nach alter KGB-Manier ein Geheimnis gemacht wird. Wegweiser zeigen nur die unbedeutende Ansiedlung Tjuratam in der Steppe an, die aber nur ein Marktflecken vor der eigentlichen Stadt ist. Wenig später sind auch auf der anderen Seite der Straße in der Ferne Gebäude zu sehen. Es sind Verwaltungsbauten und außerdem mehrere große Parabolantennen, die zum Weltraumbahnhof Kosmodrom gehören. Von Baikonur aus wurde am 4. Oktober 1957 mit dem Sputnik der weltweit erste künstliche Erdsatellit in eine Umlaufbahn geschossen. Am 12 April 1961 folgte mit dem Kosmonauten Juri Gagarin in seinem Raumschiff Wostok 1 der erste Weltraumflug eines Menschen. Gagarin umrundete die Erde einmal, landete danach im Wolgagebiet und wurde zum Helden der Sowjetunion ernannt.

In der Ferne die Stadt Baikonur

Unzählige Schulen, Plätze, Jugendgruppen etc. im gesamten ehemaligen Ostblock erhielten seinen Namen. In den USA lösten diese spektakulären Pioniertaten der konkurrierenden Supermacht erhebliche Unruhe aus und führten zum Apollo-Programm der NASA mit dem Wettlauf zum Mond, den die USA am 21. Juli 1969 mit Neil Armstrongs erfolgreicher Landung für sich entscheiden konnten. Nach dem Zerfall der Sowjetunion muss Russland das Kosmodrom für jährlich 115 Millionen Dollar von Kasachstan pachten. Die Stadt und das eigenständige Gebiet Baikonur stehen unter russischer Verwaltung. Zur Tarnung wurde für das Forschungs- und Versuchsgelände in der Anfangszeit der Name eines kleinen Ortes publiziert, der 320 Kilometer nordöstlich in der Steppe liegt. – das wirkliche Baikonur. Es ist eine Ironie der Geschichte, dass durch die Entwicklung von Aufklärungssatelliten, die maßgeblich auch hier stattgefunden hat, solche Täuschungsmanöver vollends lächerlich geworden sind. Heute genügt ein Klick auf Google Earth, um es besser zu wissen.

Als weit und breit kein Auto in der Nähe ist, mache ich schnell einige Fotos mit Teleobjektiv. Bei der notorischen Paranoia der Russen gegen Spionage kann man ja nie wissen, ob man nicht beobachtet und verpfiffen wird. Hier ist das Gelände zum Glück mehr als übersichtlich.

Die Abwechslung hat mich wieder munter gemacht, und ich drehe entschlossen am Gas. Leider ist es schon viel später als gewünscht. Realistisch kann ich die über 200 Kilometer bis Kyzylorda bei Tageslicht gar nicht mehr schaffen. Und bei Dunkelheit möchte ich aus Gründen der Sicherheit nicht fahren. Während ich so vor mich hin überlege, reißt mich plötzlich ein hässliches Geräusch vom Motor her ins Hier und Jetzt zurück. Gleichzeitig fällt das Drehmoment aus, und ich komme recht unwürdig am Straßenrand zum Stehen. Um mich herum einsame Steppe. Alle Versuche, den Motor wieder zu starten, schlagen fehl. Ich muss mich mit dem Gedanken vertraut machen, dass mein Motorrad einen ernsthaften Motorschaden hat.

Es ist mir so, als wenn ich kürzlich ein einfaches Gehöft in der Steppe gesehen hätte. Als ich zurückschaue, sehe ich tatsächlich einige niedrige Gebäude. Während ich mein Motorrad in der immer noch großen Hitze etwa einen Kilometer bis zu den Häusern schiebe, überlege ich, was ich tun kann. In dieser entlegenen Gegend ist eine Reparatur unrealistisch. Und wenn sie überhaupt möglich wäre, würde sie viel zu lange dauern. Also muss ich mich mit Plan B befassen: das Motorrad hier aufzugeben. Für diese Alternative trage ich mein gesamtes persönliches Reisegepäck ja im Rucksack auf meinem Rücken. Im Topcase befinden sich außer dem Reservekanister und einem Liter Zweitaktöl nur einige Ersatzteile und etwas Werkzeug.

Als schließlich auf mein lautes Rufen hin eine Frau in Kittelschürze aus einem der Häuser kommt, ist mein Entschluss schon gefallen: Ich muss mit öffentlichen Verkehrsmitteln weiterkommen und das Motorrad hier lassen. Aber wie mache ich es ihr verständlich?

Wir begrüßen uns erst einmal so gut es geht. Sie heißt ‚Рая' (Raja), wie sie mir auf einem Zettel aufschreibt. Dass sie fast keine Zähne mehr hat, stört wenig, da wir ja doch keine gemeinsame Sprache sprechen. Mit den kyrillischen Schriftzeichen bin ich allmählich so gut vertraut, dass ich Druckschrift ausreichend gut lesen kann. Raja hat blitzende intelligente Augen und ist wahrscheinlich um Einiges jünger, als der erste Eindruck vermuten lässt. Sie hat schnell erfasst, dass ich Probleme mit dem Motorrad habe, und weist mir einen sauberen Platz beim Ziegenstall zu.

Ich muss meine treue Meckerzicke in Rajas Ziegenstall zurücklassen

Mit beklommenem Gefühl sortiere ich die Sachen aus, die ich hier zurücklassen will: neben dem Bike noch alles, was mit Fahrzeugtechnik zu tun hat, also auch den für diese Reise angeschafften Klapphelm, den ich sehr lieb gewonnen habe. Ein letzter wehmütiger Blick auf meine Yamaha DT125X, die mich bis hierher so treu begleitet hat. Meine kleine ‚Meckerzicke' hat so viel geleistet und mir unendlich Freude gemacht. Nun ist sie im Ziegenstall wenigstens unter Ihresgleichen. Wahrscheinlich habe ich bei der letzten Tankstelle minderwertiges Benzin mit zu geringer Oktanzahl bekommen, das der Motor nicht vertragen hat.

Raja

Zum Zeichen, dass ich ihr das Motorrad schenke und es später nicht wieder abholen werde, überreiche ich Raja die Schlüssel für Bike und Topcase. Sie gibt mir zu verstehen, dass ich von der Straße mit dem Bus nach Baikonur fahren kann und es von dort eine Fernverbindung nach Schymkent gibt.

Mit dem Nachtbus nach Schymkent

Aber sie bemerkt, dass ich zögere loszugehen, weil ich nicht sicher bin, ob ich den richtigen Bus auch erkenne und ihn anhalten kann. So etwas wie eine markierte Haltestelle gab es jedenfalls nicht.

Also macht sie sich mit mir zusammen auf an die Straße, wo wir gemeinsam auf den Bus warten. Wie praktisch, dass das russische Wort für Bus, ‚Avtobus', ohne Probleme verständlich ist.

Als nach etwa einer halben Stunde der Bus kommt, erklärt die freundliche Raja dem Fahrer, wohin ich will und dass er mir helfen soll, den Anschlussbus zu finden. Alles klappt wie geplant. Schon um halb neun Uhr abends sitze ich im Bus nach Schymkent. Wie ich verstanden habe, soll er am Mittag des folgenden Tages dort ankommen, das Ganze für umgerechnet nicht einmal zehn Euro. Zur Sicherheit habe ich mich an der Busstation noch mit Teigtaschen und Limonade versorgt. Es dauert wohl keine fünf Minuten, bis mich das Schaukeln des Busses in der Dunkelheit nach dem aufregenden Tag in Tiefschlaf versetzt. Toilettenstopps, Kyzylorda, alles zieht, ohne dass ich etwas davon merke, an mir vorüber.

## Im Nachtbus nach Schymkent

Mittwoch, 29. Juli
Baikonur → Schymkent
700 km, Bus

Jemand rüttelt an meiner Schulter und redet in einer fremden Sprache auf mich ein. Es dauert einige Zeit, bis ich mich aus tiefem Traum berappele. Ich sitze in einem leeren Bus, der irgendwo auf einem staubigen Parkplatz abgestellt ist. Es ist schmerzhaft hell. Ein Blick auf meine Uhr sagt mir, dass es morgens sieben Uhr dreißig ist. Draußen empfange ich meinen Rucksack aus dem Gepäckfach und kann noch gerade erfahren, dass dieses Schymkent sein soll. Nach den Informationen im

Reiseführer hatte ich mir von der Ankunft in dieser Großstadt an der Grenze zu Usbekistan allerdings mehr versprochen: Endlich der Steppe entronnen hatte ich viel frisches Grün und die Aussicht auf die schneebedeckten Ausläufer des Tian Shan, des mächtigen Himmelsgebirges, erwartet. Stattdessen um mich herum die Tristesse einer endlos ausgedehnten Vorstadt voll von lauten schmutzigen Betrieben und Werkstätten.

Ich nehme mir ein Taxi, und bei der Fahrt in die Innenstadt wird mir klar, dass der Bus seine Endstation weit außerhalb der Stadt an einem gesichtslosen Busbahnhof in einem Industriegebiet hatte. Die Ankunft und das Aussteigen der anderen Fahrgäste muss ich völlig verschlafen haben. Der Taxifahrer bringt mich zum Hotel Ordabasy, einmal mehr eine gute Empfehlung des Lonely Planet. Er knöpft mir für die wenigen Fahrtkilometer in die Stadt mehr Geld ab, als ich für die gesamte Busfahrt über die vorherigen 700 Kilometer bezahlt habe. Aber ich bin zu erschöpft, um mich zu wehren. Im Hotel bekomme ich ein sauberes Zimmer mit Dusche und akzeptabler Klimaanlage. – Genau das ist es, was ich jetzt brauche. Nach dem Duschen lege ich mich ins Bett, um erst einmal die Mittagshitze zu verschlafen.

Mit nachgeholtem Schlaf und bei sinkender Sonne macht dieser uralte Kreuzungspunkt von Karawanenrouten an der Seidenstraße dann aber doch einen angenehmen Eindruck. Die großen Straßen sind mit Schatten spendenden Platanen bestanden. In der Stadt gibt es Parks mit vielen jungen Leuten, und es herrscht überhaupt ein geschäftiges Treiben. Etliche Frauen tragen Kopftuch. Der punkige Aufseher im Internetcafé hört ununterbrochen Musik der Berliner Hardrockband Rammstein und singt laut dazu. Mit den deutschsprachigen Liedern ist er erstaunlich textsicher, ohne ein einziges Wort davon zu verstehen. Leider sind die Computer in diesen Cafés meistens voller Viren. Beim erfolglosen Abwehrkampf dagegen verliere ich hier einen Teil meiner gespeicherten Fotos.

Als ich abends noch etwas in der Lobby des Hotels sitze, marschiert überraschend ein Bekannter zur Tür herein. Es ist der rotbärtige Wikinger Martin aus Aralsk. Offenbar folgt auch er den Ratschlägen des Lonely Planet. In einem Straßencafé sitzen wir noch lange zusammen und tauschen bei Bier und Eis die Neuigkeiten der vergangenen Tage aus. Ich erfahre von ihm, wie ich morgen mit der Bahn weiter nach Almaty komme und dass es die Fahrkarten sogar an einem Schalter im Hotel gibt. Auf der Landkarte habe ich gesehen, dass die Eisenbahnlinie nach Almaty ein kurzes Stück über kirgisisches Gebiet verläuft – noch ein Relikt aus sowjetischen Zeiten vor der Selbstständigkeit dieser Staaten. Martin beruhigt mich, dass der kasachische Zug dort ohne Halt durchfahre und keine Passkontrolle stattfinde. Mein kirgisisches Visum, das mich nur zur einmaligen Einreise berechtigt, bleibt also unverbraucht.

## Mit dem Zug nach Almaty

Donnerstag, 30. Juli
Schymkent → Almaty
730 km, Bahn

Morgens um halb sieben weckt mich mein Handy. Meine Tochter Swantje ruft an: „Das Baby ist da!!" Ich bin zum ersten Mal Großvater geworden! Meine neu geborene Enkeltochter heißt Elisabeth Shirin. Was für eine übermäßige Freude. Wie schade, dass ich jetzt so weit weg bin. Ich trommele euphorisch Martin im Zimmer gegenüber aus dem Bett. Völlig verzottelt öffnet er, ist zu dieser frühen Stunde aber nur mäßig interessiert. Es tut mir leid, dass ich ihn geweckt habe, aber ich musste meine Freude einfach mit jemandem teilen.

Punkt acht stehe ich fertig ausgecheckt und mit geschultertem Rucksack am Ticketschalter im Hotel und schaffe es tatsächlich noch, mir eine Fahrkarte für den Zug um neun Uhr nach Almaty zu verschaffen. Ein Taxi bringt mich zum Bahnhof, und sehr bald sitze ich bequem im klimatisierten Abteil und lasse ich mich weiter Richtung Osten schaukeln. Zwei Abteile weiter treffe ich ein nettes holländisches Pärchen, Zoë und Rinke. Wir haben uns unglaublich viel von unseren Reisen zu erzählen, so dass mir die Fahrtzeit von 14 Stunden überhaupt nicht lang wird. Sie haben bereits den Kaukasus und Usbekistan bereist und sind voller faszinierender Erlebnisse. Außerdem zaubert Zoë sehr leckeres sauer eingelegtes Gemüse aus ihrem Gepäck, das wir gekonnt mit meinem frischen Gebäck aus Schymkent zu einem Frühstück kombinieren. Als ich an einem Bahnhof drei Dosen Bier kaufe, um mit den beiden auf meine neu geborene Enkeltochter anzustoßen, sieht das ein Polizist, kommt ins Abteil und will mich bestrafen – für Alkoholkonsum im Zug! Schließlich kann ich durch einige Bestimmtheit diesen lästigen Plagegeist ohne Zahlung loswerden, und wir lassen die Kleine unbehelligt hochleben.

In Almaty bin ich mit Igor verabredet. Ich habe ihn durch die Vermittlung einer meiner Studentinnen aus Russland über E-Mail kennen gelernt, und er ist Mitglied im Motorradclub dort. Es ist dieselbe Studentin, die mir auch bei der Visabeschaffung geholfen hatte, und eine ihrer Freundinnen kannte jemanden in Almaty, der Kontakt zu Igor hatte. Er holt mich abends um elf, wie per SMS verabredet, am Bahnhof ab. Mit seinem Auto fahren wir durch die nächtliche Stadt zum Motorradclub, wo noch einige Freunde von Igor im zugehörigen Restaurant feiern. Bis tief in die Nacht trinken und erzählen wir, bis es wirklich höchste Zeit wird, ins Bett zu gehen. In welches, weiß ich allerdings noch nicht.

Igor bietet mir an, in seinem Ladengeschäft für Motorradzubehör auf einem etwas altersschwachen Sofa zu übernachten. Dieses großzügige Angebot nehme ich gerne an und schlafe dort sehr gut, allerdings erst, nachdem ich meine Schlafstätte mit Hilfe der Gelben Seiten von Almaty in die Waagerechte gebracht habe.

## Durchatmen bei Igor

Morgens um halb neun holt Igor mich im Laden ab. Über seinen Computer dort kann ich problemlos und gebührenfrei, solange ich will, ins Internet. Als erstes kaufen wir für mich eine kasachische SIM-Karte für mein Handy. Ich hätte es schon längst tun sollen. So ist es für Maria viel unproblematischer, mich über Skype fast zum Nulltarif zu erreichen. Seit ich zum zweiten Mal von Hamburg aufgebrochen bin, sind immerhin schon zweieinhalb Wochen vergangen und ich habe mehr als 6.000 Kilometer zurückgelegt. Nicht einmal mehr 300 Kilometer sind es bis zur chinesischen Grenze! Die Zeitverschiebung von jetzt schon vier Stunden muss bei der Kommunikation mit zu Hause auch schon bedacht werden.

Igor lädt mich zu einer Stadtführung ein, die wir in einer nahen Fußgängerzone mit einem Frühstück beginnen. Ich atme die saubere frische Luft in tiefen Zügen ein. Die braune staubige Steppe liegt nun endgültig hinter mir. Es gibt viel Grün in der Stadt, und überall plätschern kleine Wasserläufe, die vom Schmelzwasser des nahen Tian Shan Gebirges mit seinen auch im Sommer schneebedeckten, bis zu 5.000 Meter hohen Gipfeln gespeist werden. Dort im Süden verläuft die Grenze zu Kirgisistan. Kein Wunder, dass es den Regierungsvertretern und ausländischen Diplomaten gar nicht gut gefiel, als der kasachische Langzeitdiktator Nasarbajew 1997 in einer einsamen Entscheidung in Astana, mitten in der nördlichen Steppe, eine neue Hauptstadt aus dem Boden stampfen ließ und Almaty seinen privilegierten Status verlor.

Wir besuchen den ‚Park der 28 Kriegshelden', wo – wie in allen Ländern der ehemaligen Sowjetunion – mit Monumentalkunst an den ‚Großen Vaterländischen Krieg' und den Sieg über den Faschismus erinnert wird. Mitten im Park liegt auch die ohne die Verwendung eines einzigen eisernen Nagels vor hundert Jahren erbaute russisch-orthodoxe Auferstehungskathedrale, die prächtig in ihrem frischen Farbschmuck glänzt. Im Innern findet gerade eine Trauung statt. Die gregorianischen Männergesänge erfüllen weihevoll das mit viel Gold ausgeschmückte große Gebäude, das als das weltweit zweitgrößte Holzgebäude gilt.

Igor muss am Abend in seinem Büro bleiben, um den erkrankten Mann vom Wachdienst dort zu vertreten. Ich mache mir Sorgen wegen meines zurückgelassenen Motorrads. Sicher wurde es im Rahmen der langen Einreiseformalitäten nach Kasachstan amtlich erfasst. Wenn ich es nun bei der Ausreise nicht mehr besitze, wird man Zoll von mir verlangen. Wie ich gelesen habe, kann diese Zollforderung leicht den Neuwert des Fahrzeugs übersteigen. Auch Igor kennt solche Probleme und will sich nach einer Lösung erkundigen.

Am Computer sehe ich die ersten Bilder meiner Enkeltochter. Ihr zweiter Name, Shirin, ist in der kasachischen Sprache wohlbekannt. Er bedeutet ‚süß, niedlich'. Danach mache ich mich zu Fuß ins nahe Zentrum auf. Von einem Restaurant aus genieße ich es, bei leckerer Pizza die vielen sommerlich gekleideten gut gelaunten meist jungen Leute um mich herum zu beobachten und mich von ihrer Ausgelassenheit anstecken zu lassen.

Ganz aus Holz gebaute Auferstehungskathedrale

Markthalle von Almaty

Samstag, 1. August
Almaty

Ich bemerke, wie entspannend es für mich ist zu wissen, dass ich, wenn ich mit Igor zusammen bin, nicht vierundzwanzig Stunden am Tag misstrauisch aufpassen muss, was um mich herum vorgeht. Ich bin ihm sehr dankbar für seine großzügige Gastfreundschaft. Am Vormittag fährt er zur Polizei, um mein Motorrad dort als gestohlen zu melden. Aber heute, an einem Samstag, hat dort niemand Lust, sich Arbeit mit einer Anzeige zu machen – und dann auch noch von einem Ausländer! Man verweist Igor absurderweise ans Außenministerium in Astana.

Wir beraten weiter über eine Lösung. Igor schlägt unter anderem vor, dass er mich auf seiner Enduro über die grüne Grenze im Tian Shan nach Kirgisistan bringt. Als sportliche Leistung würden er und seine Freunde diese Tour gelegentlich machen. Doch dann wäre ich in Kirgisistan ohne gültige Einreisepapiere, und das Problem hätte sich nur verlagert. Schließlich einigen wir uns darauf, dass ich einfach versuchen soll auszureisen. Gegebenenfalls sollte ich ein paar Euroscheine als Schmierstoff bereithalten. Wohl ist mir allerdings bei diesem Gedanken überhaupt nicht.

Bei dem anschließenden Ausflug mit Igors Auto in die Berge zum Skiort Chimbulak in 2.300 Metern Höhe vergesse ich die Probleme allmählich und bin von der mich umgebenden alpinen Welt begeistert. In einem Panoramarestaurant lassen wir es uns bei Fleischspießen, knackigem Salat und einem frisch gezapften Hefeweizen wohl sein. Igor will noch höher in die Berge und auf einer schmalen felsigen Straße zeigen, was Fahrer und Fahrzeug, ein Subaro Allradgeländewagen, können. Doch ein plötzlich aufziehendes Gewitter mit Temperatursturz lässt uns umkehren. Es wird ohnehin Zeit, nach Almaty zurückzukehren, denn am Abend sind wir bei Freunden von Igor zum Essen eingeladen.

Zusammen mit Igors Frau und ihrem drei Monate alten Sohn fahren wir zu Alexej und seiner Frau Aksana. Auf dem Land, etwa eine halbe Stunde außerhalb von Almaty, sind sie dabei, auf einem traumhaften Grundstück mit Blick auf die Berge ein Haus zu bauen. Im Rohbau ist es gerade fertig geworden. Zusammen mit vielen anderen Freunden feiern sie so etwas wie Richtfest in Form einer großen Grillparty im Garten. Als Attraktion wird ein riesiger Süßwasserfisch in einem speziellen Ofen über dem offenen Feuer gedünstet. Es soll ein Graskarpfen sein, auch weißer Amur genannt, der im nahen Ili-Fluss lebt. Mit viel Gemüse und anderen Zutaten wird er in einem speziellen Ofen am offenen Feuer gegart und schmeckt sehr lecker.

Später trifft noch ein Freund ein, der vier Jahre in Deutschland gelebt hat. Andrej hat, wie etliche der Einwohner hier, deutsche Wurzeln und wollte sein Glück in Deutschland versuchen. Es hat aber nicht geklappt, und er ist zurückgekommen. Anders als mit Igor, dessen englisch für eine flüssige Unterhaltung eigentlich nicht ausreicht, kann ich mich mit Andrej gut verständigen – und das sogar auf Deutsch. Einmal mehr fällt mir auch bei ihm auf, eine welch hohe Meinung man von Deutschland hat und wie gut er informiert ist. Wir unterhalten uns sehr nett, interessant und lange. Es herrscht bei diesen jungen Menschen hier eine außerordentlich fröhliche und herzliche Atmosphäre, in die ich wie selbstverständlich mit einbezogen werde. Ein wunderbares Erlebnis.

Schließlich ist es schon nach Mitternacht, als Igor mich der Obhut der Security in seinem Laden übergibt und ich, erhöht durch die Gelben Seiten von Almaty, in einen erholsamen Schlummer versinke.

An einem strahlenden Morgen holt Igor mich zum Sonntagsausflug mit seiner Frau und dem Baby ab. Ihren fünfjährigen Sohn Wanja treffen wir außerhalb von Almaty in einer verwunschenen Datscha. Dort verbringt er die Sommertage mit seinen Großeltern. Der Garten ist ein Paradies mit vielerlei Obst-, Gemüse- und sogar Weinanbau. Natürlich dürfen Apfelbäume nicht fehlen, denn der russische Name der Stadt bis 1992, Alma-Ata, bedeutet ‚Väterchen Apfel‘ und deutet darauf hin, dass der Apfel als Kulturpflanze von hier stammen soll.

In der Kleinstadt Esik, vierzig Kilometer östlich von Almaty und nur noch drei Autostunden von der chinesischen Grenze entfernt, versorgen wir uns auf einem Basar mit Verpflegung für ein Picknick, bevor es wieder ins Gebirge geht. Igor lebt sichtlich auf, als die Teerstraße endet und wir uns über eine Schotterpiste einschließlich Flussdurchquerungen und über Felsbrocken weiterquälen müssen. An einem in der Sonne glitzernden türkisblauen Bergsee machen wir halt im Angesicht der majestätischen schneebedeckten Gipfelkette des Tian Shan. Hier und da haben sich auch schon andere Gruppen und Familien ein Plätzchen für ihr Sonntagspicknick gesucht.

Nach den Nächten in Igors Büro ohne Dusche nehme ich die Gelegenheit wahr, um als erstes ein Bad in dem empfindlich kalten See zu nehmen. Es ist wunderbar erfrischend, und die Sonne trocknet und wärmt mich schnell wieder. Dann gibt es leckeres Picknick. Es fehlt wirklich an nichts: eingelegte Gurken, frische Tomaten, Brot, kaltes Brathähnchen, Tee, Kaffee. Aber ich halte mich vor allem an die leckeren koreanischen Spezialitäten, die wir vom Basar mitgebracht haben. Danach mache ich auf einer ausgebreiteten Decke ganz entspannt ein Nickerchen.

Freunde von Igor haben einen riesigen Süßwasserfisch aus dem Ili-Fluss zum Dünsten vorbereitet

Abendstimmung über den Bergen des Tian Shan

Eigentlich hatte ich mit Igor besprochen, dass ich heute Richtung Bischkek weiterfahren wollte. Aber in diesem Moment sind die Gedanken an meine Weiterreise und den schwierigen Grenzübertritt ganz weit weg.

Wieder zieht sich in den Bergen ein Gewitter zusammen, und wir packen eilig zusammen, um hier in der Nähe noch einen Freund von Igor zu besuchen. Unser Proviant wird in einem Supermarkt erneut aufgefüllt, bevor wir bei Slawa ankommen. Er hat auf 1.300 Quadratmetern Grundstück eine Superdatscha mit allem Komfort wie zum Beispiel Swimmingpool, Sauna und Fitnessraum inmitten eines üppigen Gartens. Alles auch hier natürlich mit Blick auf das spektakuläre Bergpanaroma des Tian Shan.

In freundschaftlicher Runde essen und schwatzen wir ausgiebig. Danach geht es in die Sauna, die auf Russisch ‚Banja‘ heißt, und in den Pool, bevor Slawa den Grill anwirft. Hungrig steht hier bestimmt niemand vom Tisch auf. Slawa ist als Gastgeber sehr herzlich um mich bemüht. Als er bemerkt, dass ich von der russischen Unterhaltung nichts verstehe, sucht er im Satellitenfernsehen einen deutschsprachigen TV-Kanal für mich aus. Slawa ist Elektroingenieur und ein absoluter Technikfreak. Hundert technische Raffinessen hat er schon installiert und etwa tausend weitere sind in Planung. Mit mitreißender Begeisterung führt er alles vor. Finanziell scheint es ihm sehr gut zu gehen.

## Überraschender Aufbruch nach Bischkek

Als wir kurz vor Mitternacht die inzwischen eingeschlafenen Kinder ins Auto tragen und endlich aufbrechen, fährt Igor mich, anders als ich erwartet habe, nicht in sein Büro, sondern zum Busbahnhof. Dort findet er heraus, dass der nächste Bus nach Bischkek erst morgens um sechs abfährt, was mich weniger überrascht als ihn. Aber er stößt auf ein mitten auf der einsamen Fläche wartendes Taxi, wie er sich ausdrückt, das mich für umgerechnet etwa zehn Euro mitnehmen will. Nach kurzer Überlegung akzeptiere ich und verabschiede mich von meinen lieben Gastgebern mit dem Versprechen telefonisch zu berichten, wie es an der Grenze gelaufen ist.

Das Taxi entpuppt sich als ältlicher Mercedes Baujahr 1989 mit kirgisischem Kennzeichen, in dem außer dem Fahrer bereits drei junge Männer als Passagiere warten. Wenigstens einer spricht etwas englisch und stellt sich als kasachischer Polizist vor. Ich hoffe, dass er mir vielleicht an der Grenze nützlich sein kann. Der zweite ist Alexander Ackermann, ein Deutschstämmiger, dessen Familie wie viele andere im Zweiten Weltkrieg, meist aus dem Wolgagebiet, ins ferne Kasachstan umgesiedelt wurde. Alexander Ackermann spricht nur Russisch, der dritte Passagier schläft. Ich bin auch sehr müde von dem langen, erlebnisreichen Tag und freue mich schon, bequem im Mercedes die 200 Kilometer zur Grenze geschaukelt zu werden. Im Reiseführer wird die Straße allerdings als verkehrsreich und, besonders nachts, als unfallträchtig beschrieben.

Nachdem wir die Lichter der Stadt verlassen haben, fällt mir immer stärker die eigenartige Fahrweise von Rachim, dem Fahrer, auf. In den Lichtern des Gegenverkehrs fängt er heftig an zu schlingern, und es scheint manchmal einfach nur Zufall, dass die schweren Laster, die hier nachts unterwegs sind, uns nicht erwischen. Ich fürchte um mein Leben und bin schlagartig wieder hellwach. Ich überlege, was ich tun kann.

Ich biete an, dass ich eine Zeit lang fahre, damit Rachim etwas schlafen kann. Die Reisegesellschaft nimmt das Angebot dankend an. Aber ich kann mich einfach nicht an die ausgeleierte Kupplung gewöhnen und würge zweimal den Motor ab. Da stellt sich heraus, dass das Auto kein Zündschloss mehr hat und wahrscheinlich kurzgeschlossen und also gestohlen ist. Jedes Mal muss der Beifahrer unter das Armaturenbrett tauchen, um den Motor wieder zu starten. Da wird es mir vollends mulmig. Rachim fährt nun erst einmal wieder, aber als aus der totalen Finsternis am Straßenrand endlich ein paar Lichter auftauchen, verlange ich energisch anzuhalten, damit ich aussteigen kann. Schnell greife ich mein Gepäck und entferne mich. Obwohl es halb vier Uhr in der Nacht ist, will ich lieber hier am Straßenrand warten, bis es hell wird, als weiter mit Alexander Ackermann und seiner Chaostruppe zu fahren.

Bei näherem Hinsehen gehören die Lichter zu einer kleinen Raststätte, die sogar geöffnet ist. Drinnen bekomme ich einen wohltuenden Kaffee und erhole mich erst einmal von der Geisterfahrt. Plötzlich tauchen aus dem Dunkel draußen Scheinwerfer auf. Es ist der Mercedes mit den Jungs, die mich überreden wollen, doch wieder bei ihnen einzusteigen. Als sie verstehen, dass ich das auf gar keinen Fall tun werde, ist ihnen alles furchtbar peinlich, und sie entschuldigen sich bei mir. Dann fahren sie endgültig alleine weiter.

Ich finde Zuflucht in einer Raststätte

Später soll die Raststätte geschlossen werden, und die freundliche Bedienung bietet mir an, dass ich mich im Nachbarraum auf einem türkischen Diwan bis zum Morgen langmachen kann. Da überlege ich natürlich nicht lange.

**Montag, 3. August**
**Almaty → Bischkek**
**237 km, per Anhalter**

Als morgens um sechs im Café die Stühle aufgestellt werden, gehe ich an die Straße. Es ist schon hell, allerdings regenverhangen und windig, dabei aber warm. Ein eigentümlich fahles Morgenlicht liegt über der sanft hügeligen gelben Graslandschaft. Während ich noch überlege, wie ich von diesem gottverlassenen Stück Landstraße wegkommen soll, versuche ich beiläufig, ein Auto anzuhalten – und es klappt sofort. Der ältere Fahrer begrüßt mich mit einem freundlichen „salamu alaikum". Er stammt aus Osh im Süden Kirgisistans und ist auf dem Weg nach Hause – bestimmt eine Fahrt, die zwei bis drei Tage dauert. Wenn ich möchte, würde er mich sogar bis dort mitnehmen. Ein reizvolles Angebot. Aber ich habe andere Pläne, nämlich von Bischkek aus an den berühmten See Issyk Kul zu fahren. Außerdem muss ich vor allem erst mal über die Grenze kommen… Ich weiß nicht, welche Sprache es ist, die mein Fahrer spricht, wahrscheinlich Kirgisisch, auf jeden Fall nicht Englisch und auch nicht Russisch. Er ist aber überaus freundlich und Vertrauen einflößend und fährt sehr ruhig und vernünftig in seinem alten Audi 100 Avant.

Schon bald sind wir an der Grenze zu Kirgisistan. Mein Fahrer bedeutet mir, dass ich zu Fuß über die Grenze gehen müsse. Auf der anderen Seite könne ich gern wieder mitfahren. Mit Pokerface lasse ich die kasachischen Ausreiseformalitäten über mich ergehen. Als nach endlosen dreißig Sekunden der Ausreisestempel klack-klack in meinen Pass donnert, mache ich in Gedanken einen Luftsprung bis zur Hallendecke. Mein

Kirgisischer Grenzbeamter

Motorrad existierte nicht im Computer. So einfach kann es gehen. Glück gehabt.

Nach Bischkek ist es nun gar nicht mehr weit. Und tatsächlich, mein freundlicher moslemischer Fahrer sammelt mich wieder ein und nimmt mich mit bis dort. Als Erstes besorge ich mir ein annehmbares Hotel, bevor ich zu Fuß die Stadt erkunde. Die Luft ist klar und die Temperaturen sind sommerlich aber angenehm – wahrscheinlich auch dank der Höhenlage von 700 Meter. Die pompösen offiziellen Bauten und einheitlichen Wohnblocks an den breiten Boulevards strahlen viel von der vergangenen Sowjet-Epoche dieser Stadt aus, die damals Frunse hieß, nach einem revolutionären Mitkämpfer Lenins im russischen Bürgerkrieg.

Moslemisches Restaurant in Bischkek

Um meine Weiterreise zu planen, besuche ich das kleine Reisebüro Novimad – ein kirgisisch-schweizerisches Entwicklungsprojekt. Von Asel, einer Mitarbeiterin werde ich in hervorragendem Englisch sehr individuell beraten. Für den Issyk Kul bekomme ich einen Reiseplan mit vielen wertvollen Tipps, und – besonders spannend – danach kann ich vielleicht über den 3.752 Meter hohen Torugart-Pass nach China weiterreisen. Laut Reiseführer ist regulär für Touristen nur der weiter südlich gelegene Irkeschtam-Pass zugelassen. Er ist ähnlich hoch gelegen, aber die Zufahrten sollen besser ausgebaut sein. Weitere Grenzübergänge gibt es in dieser unzugänglichen Bergregion nicht. Während ich am Issyk Kul bin, will das Reisebüro Kontakt mit einem Japaner aufnehmen, der diese Reise gebucht hat, um zu fragen, ob ich mitreisen kann.

Später spricht mich auf der Straße ein junger Mann auf Englisch an. Er stellt sich als Akzhol vor, ist neunzehn und studiert Elektrotechnik in Bischkek. Er stammt aus einem Dorf in der Nähe von Osh und ist Moslem, wie die meisten Kirgisen aus dem Süden des Landes. Wir verabreden uns für den Abend in einem traditionellen moslemischen Restaurant, wo er für mich Plow, ein russisches Eintopfgericht auf Reisbasis, bestellt. Natürlich gibt es hier keinen Alkohol, also auch kein Bier, dazu sondern Tee. So richtig will mir das Essen nicht schmecken – wie das häufig so ist mit einheimischen Spezialitäten. Aber wir unterhalten uns sehr nett und angeregt.

## Auf zum Issyk Kul

Dienstag, 4. August
Bischkek → Tamchy,
215 km, Sammeltaxi

Während ich noch im Taxi sitze, werde ich an der Busstation durch das geöffnete Fenster schon lautstark von Anbietern für Fahrten zum Issyk Kul bestürmt. Schnell werde ich mit dem Fahrer eines Nissan Minivan, eines der typischen russischen Marschrutka genannten Sammeltaxis, einig: Sieben Euro für diese weite Strecke kann kein schlechtes Geschäft sein. Schon bald hat er auch die restlichen Fahrgäste gefunden und die Fahrt geht los. Um halb vier am Nachmittag bin ich an meinem Zielort Tamchy, direkt am Issyk Kul, dem nach dem Baikalsee größten See Asiens, dessen Naturschönheit in vielen kirgisischen Balladen besungen wird. Das von Asel empfohlene Privatquartier ist ein Volltreffer. Mein einfaches Zimmer liegt im letzten Haus der Straße, direkt am Strand. Vom Esstisch auf dem überdachten Hofplatz habe ich freien Blick auf See und Berge. Nirstan, die Tochter der Vermieterfamilie, die in Bischkek Englisch und Chinesisch studiert, hilft ihren Eltern während der Sommerferien bei der Arbeit mit den Gästen. Sie kümmert sich freundschaftlich um mich. Schon vom Strand aus erspäht sie mich, als ich mit meinem Rucksack die kleine Straße herunter komme.

Zum Baden erscheint es mir zu kalt, der See liegt immerhin 1.600 Meter hoch. Lieber mache ich vor dem Abendessen einen ausgedehnten Strandspaziergang, bis ein heftiges Gewitter über dem See aufzieht und mich nach Hause treibt.

Mittwoch, 5. August
Tamchy → Karakol,
230 km, Sammeltaxi

Auch am nächsten Morgen werde ich durch Blitze, krachende Donnerschläge und prasselnden Regen geweckt. Draußen kräht ein Hahn. Ein nett gedachter Weckservice, aber heute hatte der Donner Dienst. Der kurze Gang zum Plumpsklo im Garten genügt, um mich total zu durchnässen. Vor dem Frühstück schlüpfe ich schnell unter die heiße Dusche, die vom Hof aus zu erreichen ist. Als ich zu Tisch komme, hat Nirstan schon frisches, dampfendes Brot, zwei Sorten hausgemachte Fruchtmarmelade, Omelette und Tee für mich aufgedeckt. Von oben prasselt der Regen gemütlich auf das Dach der offenen Veranda. Nach dem Frühstück lege ich mich wieder ins Bett und hoffe, dass der Regen bald aufhört. Irgendwie bin ich unendlich müde nach den Anstrengungen der vergangenen Tage und könnte ständig schlafen.

Privatquartier mit Jurte am Issyk Kul

Heute möchte ich weiter am Ufer des Issyk Kul entlang bis nach Karakol ganz im Osten fahren, um von dort mit dem Mountainbike die Berge zu erkunden. Anstatt gleich an der Straße nach einer Marschrutka Ausschau zu halten, wandere ich nach dem Regen erst einmal mit meinem Rucksack am Strand entlang Richtung Osten. Bald habe ich die dörflichen Sommerfrische Tamchy hinter mir gelassen und bin ganz allein.

Nirstan

Nur hin und wieder sehe ich einen Hirten mit seinen Tieren. An einem einsamen Platz mit Buschwerk lege ich meine Kleider ab und tauche in den See. Das Wasser ist sehr klar und schmeckt leicht salzig. Als ich mich abtrockne, kommt schon die Sonne heraus, und es wird schnell warm. Von der Straße aus lasse ich mich von einem Auto mit nach Cholpon-Ata nehmen, einem Kurort mit allem bekannten quietschbunten Rummel solcher Plätze. Im Russischen ist übrigens das deutsche Wort ‚Курорт' als Fremdwort gebräuchlich. Wie gut, dass Asel mich in Tamchy untergebracht hat. Meine Stimmung steigt gewaltig, als ich in einem Internetcafé die Nachricht aus Bischkek lese, dass es mit dem Torugart-Pass klappen wird. Der Japaner hat zugestimmt!

Eine mit wechselnden Passagieren stets gut gefüllte Marschrutka bringt mich die 140 Kilometer bis nach Karakol. Dort bin ich im Bed&Breakfast Jamilya untergebracht. Die Vermieterin ist etwa in meinem Alter und spricht perfekt Englisch, was wirklich eine Überraschung in diesem äußersten Zipfel des ehemaligen Sowjetreichs ist. Es gibt vier Schlafräume, die konsequent in Blau, Violett, Gelb und Rosa dekoriert sind. Ich schlafe in Blau: Tapeten, Bettdecke, Lampenschirm – alles ist blau.

Zeitgleich mit mir ist ein französisches Pärchen, Ariane und Ive, angekommen. Zusammen fahren wir in einem Taxi zum Abendessen in die Stadt. Das Restaurant ‚Fakir', in dem wir landen, ist leider ein regelrechter Ausländertreffpunkt. Aber ich genieße die Unterhaltung mit den beiden sehr. Auch sie wollen morgen in die Berge, allerdings zum Wandern. Gerade als wir das Restaurant verlassen wollen, fällt in der Stadt der Strom aus. Dazu schüttet es draußen wie aus Kübeln. Bei Kerzenlicht zahlen wir und flüchten in einem Taxi aus dem Chaos in unsere Pension mit den farbigen Zimmern. Die beiden wohnen in Violett.

# Mit dem Mountainbike auf die Alm

Donnerstag, 6. August
Karakol → Jeti Oguz → Tal der Blumen
40 km, Mountainbike

Vor dem Haus rauscht ein mächtiger Fluss aus den Bergen vorbei. Hier warte ich auf das von ‚Madame Jamilyal' für mich bestellte Taxi. Sehr bald kommt ein Geländewagen heran, in den ich zielstrebig einsteige und mein Ziel, den Fahrradverleih, nenne. Im Verlauf der lebhaften Unterhaltung mit dem Fahrer klärt sich, dass er nur ein zufällig vorbeigekommener Anwohner ist, der mich einfach so mitgenommen hat. Mein angebotenes Fahrgeld weist er empört zurück.

Ich leihe ein ganz passables Mountainbike und einen kleinen Fahrtenrucksack aus, und wenig später bin ich auf dem Weg ins ‚Tal der Blumen'. Noch in der Stadt lasse ich in einer Autowerkstatt ein wenig am Fahrrad pumpen und schrauben, dann läuft es wie geschmiert. Es ist für mich ein Genuss, endlich einmal wieder die Freiheit eines eigenen Fahrzeugs zu spüren und mich körperlich ausarbeiten zu können – und das auch noch auf einem Mountainbike in alpiner Umgebung! Ein schöneres Geschenk hätte ich mir nicht machen können.

Schnell habe ich die öden fünfzehn Kilometer auf der Hauptstraße, aber schon mit den schneebedeckten Gipfeln in Sichtweite, hinter mir und schwenke auf eine Nebenstraße in Richtung Berge ein. Ab und zu begegne ich Bauern, die aufs Feld reiten, oder freundlichen Menschen auf Pferdewagen. Als kleine Brotzeit pflücke ich mir Aprikosen, die im Überfluss an Bäumen am Straßenrand wachsen. Vor dem grandiosen Bergpanorama einer schneebedeckten Kette von Fünftausendern dehnt sich ein stahlblauer Himmel mit schneeweißen Wattewölkchen bei angenehm warmem Sommerwetter. Ich sauge die klare Luft mit ihren tausend Blumendüften ganz tief in meine Lungen.

Ich werde von berittenen Hirten eingeholt. Sie fordern mich zu einem kleinen Wettrennen heraus. Ich versuche meine Ehre zu retten, aber als sie auf Ihren Pferden kurz antraben, bin ich hoffnungslos hintendran.

Bevor der eigentliche Anstieg von 600 Höhenmetern beginnt, mache ich noch eine Rast unterhalb des Felsens ‚Gebrochenes Herz'. Mit wenig Phantasie kann man das gebrochene Herz in dem riesigen gespaltenen Fels aus rotem Sandstein erkennen. Im gerölligen rauschenden Fluss wasche ich schnell mein völlig durchgeschwitztes Hemd aus. Nicht weit von mir steht ein kleines Lager mit einer Jurte, in der vier junge Leute wohnen, die wahrscheinlich hier ihre Ferien verbringen. Sie bitten mich zu sich, ich bekomme Tee und darf mit von Ihrem Risotto aus der großen Schüssel auf dem Tisch essen. Die Mahlzeit haben sie auf offenem Feuer zubereitet. Dazu gibt es knackfrischen Tomatensalat mit Zwiebeln.

So gestärkt nehme ich die Gebirgsschlucht in Angriff. Die Steigung teils auf felsigem, teils auf schotterigem Untergrund verlangt einigen Einsatz. Viermal überquert der Fahrweg den reißenden Gebirgsfluss auf hölzernen Brücken. Wanderer, die mir entgegenkommen, spenden mir Anerkennung. Ich habe gelesen, dass die Brücken während der Schneeschmelze immer wieder weggerissen werden und erneuert werden müssen.

Nach dem steilen Anstieg in der schattigen Schlucht öffnet sich das Tal weit zu einer ausgedehnten lieblichen sattgrünen Almlandschaft. Es ist ein fast unwirklicher Anblick von unbeschreiblicher Schönheit und Klarheit – wie ein Landschaftsgemälde. Im Frühjahr sollen die Almweiden hier über und über mit blühenden Pflanzen bedeckt sein. Das Tal heißt deshalb auch ‚Tal der Blumen'. Zwei Hirten kommen mir aus den Bergen auf ihren stämmigen Pferden im scharfen Trab entgegen geritten. Der eine hat ein geschlachtetes Schaf quer vor sich auf dem Sattel liegen, das von hier auf dem Fahrweg mit einem Allradfahrzeug ins Tal zum Markt transportiert werden soll.

So sehen Sieger aus. Mit den Pferden kann ich auf meinem Mountainbike nicht mithalten

Übernachtung in einem Jurtencamp im Tal der Blumen

Verstreut liegen einzelne Jurtencamps in der Landschaft, aus denen steil Rauch aufsteigt. Ich frage bei dem am schönsten gelegenen Camp, ob ich übernachten kann. Es klappt sofort. In einer Jurte bekomme ich ein Lager angewiesen. Dani, der halbwüchsige Sohn der Familie, kümmert sich fürsorglich um mich. Sofort gibt es etwas zu essen: Brot mit Blaubeermarmelade, Kaffee und Salat. Mir schmeckt es wunderbar. Von der Fahrt bin ich durstig und hungrig. Danach setze ich mich vor die Jurte in die sinkende Sonne und beobachte das Leben der Almbewohner hier in 2.200 Metern Höhe. Die Brüder wollen ihrer Schwester kein Reitpferd geben, und sie wütet dagegen an – eine Szene, wie sie sich in jeder Familie abspielen könnte.

Kaum ist die Sonne hinter den Berggipfeln untergegangen, wird es empfindlich kalt. Als ich mich um neun Uhr in meine Jurte verkrieche, sind es nur noch elf Grad. Zur Sicherheit behalte ich meine warme Kleidung einschließlich einer Mütze in der Nacht an. Als ich am eiskalten Bach meine Zähne putze, taucht der Vollmond die Landschaft in ein helles silbriges Licht. Während die Hunde unentwegt den Mond anbellen, schlafe ich schnell ein.

# Marschrutka-Express zurück nach Bischkek

Freitag, 7. August
Tal der Blumen → Karakol
40 km, Mountainbike
Karakol → Bischkek
445 km, Sammeltaxi

Als ich um halb acht aufwache, sind es nur acht Grad in meiner Jurte. Dank meiner langen Kleidung und zweier Decken aus Schafwollvlies habe ich in der Nacht aber trotzdem nicht gefroren. In den ersten Sonnenstrahlen, die über die hohen

Gipfel fallen, mache ich mich fahrbereit. Um rechtzeitig den Japaner zu treffen, muss ich nun machen, dass ich zurück nach Bischkek komme. Da sich im Camp noch überhaupt nichts regt, lege ich das vereinbarte Pensionsgeld abgezählt auf mein Lager und fahre mit der Sonne im Rücken talwärts. Der rasende Downhill bringt richtig Spaß und macht mich schnell munter. In nicht einmal eineinhalb Stunden erreiche ich die Hauptstraße und knüppele die verbleibenden Kilometer nach Karakol schnell durch. Rad und Rucksack sind schnell zurückgegeben, und ich bekomme in der Agentur auch meinen Pass zurück, den ich nur sehr ungern als Pfand zurücklassen musste.

Mit einem Taxi erreiche ich gerade zur rechten Zeit den Busbahnhof – Avtovaksal', wie ich inzwischen gelernt habe –, um noch in eine Marschrutka nach Bischkek springen zu können. Es steht sogar *Express* vorne dran. Trotzdem dauert die Rumpelfahrt in der nicht klimatisierten Blechbüchse insgesamt sieben Stunden, die ich, so gut es geht, versuche zu verdösen. Dafür bezahle ich aber auch nur lächerliche 250 Som für immerhin 445 Kilometer, das sind etwa fünf Euro.

Im meinem Hotel Semetei scheine ich inzwischen Frequent-Traveller-Status zu haben. Denn ich bekomme ohne Aufpreis ein Zimmer im siebten Stock mit Klimaanlage, Balkon und Blick in die Berge. Abends treffe ich mich mit Akzhol, der tagsüber schon mehrmals ungeduldig angerufen hatte. Beim Abendessen in einem Gartenrestaurant in der Stadt lädt er mich für das kommende Wochenende zur Hochzeit seines Bruders in seine Heimat an der Grenze zu Tadschikistan ein. Zu gern würde ich annehmen. Aber der Termin für den Vorlesungsbeginn in Shanghai rückt unerbittlich näher. Und bis dort ist es noch weit, nämlich etwa 5.000 Kilometer.

Samstag, 8. August
Bischkek

Da der Grenzübergang am Torugart-Pass nur werktags ge-öffnet ist, habe ich noch einen Ruhetag in Bischkek, bevor es losgeht Richtung China. Ich beginne den Tag geruhsam mit einem ausgedehnten Frühstück im hauptsächlich von Auslän-dern besuchten Restaurant ‚Fat Boy', dessen Name Programm ist: Es gibt Müsli mit Joghurt, Eier, Fruchtsaft und dazu richtig guten Kaffee. Alles Frühstückgenüsse, auf die ich in China zu Gunsten von Reisschleimsuppe und scharf eingelegten Meeres-algen werde verzichten müssen. Dafür freue ich mich auf die übrigen chinesischen Essensgenüsse aber schon umso mehr.

Nachdem Akzhol mir am ersten Abend die Küche seiner Heimat vorgeführt hat, möchte ich mich nun mit etwas typisch Deutschem revanchieren. Ein Taxi bringt uns zum ‚Steinbräu', von dem ich im Lonely Planet gelesen habe. In einem total finsteren Viertel von Bischkek befindet sich dieses lauschige Restaurant mit ausgedehntem Garten. Wir lassen uns jeder ein Schaschlik schmecken, bei mir noch abgerundet durch drei halbe Liter Bier vom Fass vom Typ ‚Bernstein', das dort in malerischen Kupferkesseln selbst gebraut wird. Akzhol pro-biert auch einmal und sagt, dass er mehr davon trinken würde, aber sein Bruder erlaubt ihm nicht, Alkohol zu trinken. Da ist offenbar klar, wer der Chef ist.

## Mit Wladimir und Takayama durch die kirgisischen Berge

Sonntag, 9. August
Bischkek → Naryn,
342 km, Minivan

Auf meine Frage, wie ich mein Taxi nach China vor mei-nem Hotel erkennen könne, machte Asel vom Reisebüro Novimad nur die Geste eines Walrossbarts. Als ich Wladimir in seinem Minivan dann sehe, weiß ich, was sie gemeint hat. Wladimir ist nicht mehr ganz jung und trägt einen eindrucksvollen Bart in seinem sympathischen Gesicht. Dieser Mann soll uns also in zwei Tagen Fahrt durch die kirgisischen Grenzgebirge bis zum Torugart-Pass bringen. Vorher müssen wir noch den japanischen Mitreisenden in seinem Backpacker Hostel abholen.

Der Japaner heißt Takayama Narohita, wohnt in Tokio und ist genau wie ich Elektroingenieur. Er arbeitet bei Mitsubishi Electric in der Forschung und spricht gut Englisch. Dass er außerdem noch Chinesisch in Wort und Schrift kann, wird uns jenseits der Grenze noch nützlich werden. Dafür kann ich auf dem ersten Teil der Reise mit Wladimir kommunizieren, der eigentlich nur Russisch spricht. Es fallen ihm nämlich noch ein paar Brocken Deutsch ein, an die er sich von seinen Großeltern her erinnert. Sie gehören auch zu der deutschen Minderheit, die im Zweiten Weltkrieg von Stalin hierher umgesiedelt wurden. Inzwischen sind aber fast alle Deutschstämmigen nach Deutschland ausgewandert. Übrig geblieben sind nur noch ein paar eigenartige Ortsnamen wie ‚Rot-Front‘ oder ‚Telemann‘.

Wladimir ist eine Seele von Mensch. Er versucht, uns die Fahrt so angenehm wie möglich zu machen: „Pipistopp, Fotostopp – kein Problem."

In Tokmok, nicht weit von Bischkek, ist heute, am Sonntag, gerade Viehmarkt. Wladimir fährt uns hin und lässt uns ausgiebig Fotos machen. Anders als in der Hauptstadt, sieht man hier bei der Landbevölkerung ausschließlich asiatische Gesichter. Die überwiegend moslemischen Kirgisen haben immerhin einen Anteil von zwei Dritteln an der Gesamtbevölkerung, während nur gut zehn Prozent russischer Abstammung sind.

Auf dem Viehmarkt...

... in Tokmok

Dann geht es ab in die Berge. Wir überholen die ersten Konvois chinesischer Trucks, die sich über die gewundenen Straßen quälen. Man sagt, dass sie die begehrten chinesischen Konsumgüter nach Kirgisistan bringen und beladen mit

Wladimir bei der Arbeit

Schrott und anderen Rohstoffen zurückfahren. Unser schöner Toyota hat Rechtssteuerung, obwohl in Kirgisistan Rechtsverkehr herrscht. Das Auto

Takayama bei der Arbeit

stammt offensichtlich aus Japan und hat eine luxuriöse Ausstattung mit Allradantrieb, weichen Samtsitzen, Klimaanlage und großem, elektrisch aufschiebbaren Sonnendach. Mit seiner super Kameraausrüstung ragt Takayama die meiste Zeit wie der Kommandant eines Kampfpanzers mit halbem Oberkörper aus dem geöffneten Dach heraus und fotografiert. Ab und zu reiche ich ihm ein anderes Objektiv von unten zu.

Nur wenn eine Polizeikontrolle in Sicht kommt, kennt Wladimir kein Pardon. Er drückt auf den Knopf, und Takayama muss behände abtauchen, damit kein Unglück passiert. Zur Tarnung hält sich Wladimir auch noch vorschriftsmäßig den Sicherheitsgurt vor den Körper. So können wir meist ungehindert passieren.

Einen netteren Reisebegleiter als Takayama kann ich

Ich kann zwischendurch ein Nickerchen halten

105

mir gar nicht wünschen. Gleich nach unserer Begrüßung deckt er mich schon mit Prospektmaterial über Japan, speziell seinen Wohnort Tokio und den Fujiyama ein und lädt mich ein, ihn einmal zu besuchen. Im Angesicht seiner Fotoausrüstung habe ich es gleich aufgegeben, mit meiner Taschenkamera eigene Fotos zu machen, nachdem er mir zugesagt hat, dass ich Kopien von seinen Aufnahmen bekommen könne. Später in Kaschgar habe ich mir seine stimmungsvollen Bilder der kirgisischen Bergwelt im wechselnden Licht auch tatsächlich kopieren können. Er ist wirklich ein sehr guter Fotograf.

Nachdem wir auf Schotterstraße und bei wiederholten schweren Regenschauern, die uns entgegenkommende Schlammbäche auslösen, noch einen letzten Pass von über 3.000 Metern Höhe überwunden haben, beenden wir am Nachmittag unsere erste Tagesetappe in Naryn, einem völlig verlorenen, zementfarbenen Provinznest in Kirgisistans äußerstem Osten. In einer hässlichen Mietskaserne beziehen wir ein bescheidenes, aber sehr sauberes Privatquartier bei einer freundlichen Wirtin.

Zum Abendessen fahren wir mit Wladimir ins Zentrum. Doch es ist gar nicht so leicht, ein Restaurant zu finden. Schließlich landen wir in einer Art Diskothek mit unerträglich lauter Karaokedarbietung. Aber man kann auch Essen bestellen. Nachdem sich das Problem mit der Lautstärke sehr bald durch einen allgemeinen Stromausfall gelöst hat, wird es bei Kerzenlicht noch fast gemütlich. In unserer Herberge fällt dann noch einmal der Strom aus, und ich muss mich im Licht meines Handydisplays zur Toilette tasten.

Morgen soll es schon um sechs Uhr dreißig Frühstück geben. Denn bis zum Torugart-Pass sind es noch 190 Kilometer auf schlechter Straße zu fahren, und in China gehen die Uhren um zwei Stunden vor, weil für das ganze Land nur eine Zeitzone gilt, die an der westlichen Grenze, so weit weg von Peking, nicht so richtig passt.

Im kirgisisch-chinesischen...

... Grenzgebiet

Montag, 10. August
Naryn (Kirgisistan)→ Torugart-Pass
190 km, Minivan
Torugart-Pass → Kaschgar (China)
170 km, Bus

Bei stahlblauem Himmel und Sonnenschein ist das frühe Aufstehen kein Problem. Bester Stimmung machen wir drei Männer uns nach dem leckeren kirgisischen Frühstück unserer Hausmutter auf den Weg Richtung Grenzübergang. Takayama ragt wieder die meiste Zeit mit seinem Fotoapparat oben aus dem Dach, während ich mir im Inneren heute eine warme Mütze gegen die Zugluft aufgesetzt habe, nachdem ich von gestern schon eine leichte Erkältung in mir spüre. Ich hätte es schon gestern so machen sollen.

Mittags sind wir nach den letzten kirgisischen Grenzkontrollen oben auf der 3.700 Meter hohen Passhöhe angekommen. Die Grenze ist mit einem Granitstein mit chinesischem roten Stern markiert. Auf der anderen Seite patrouillieren chinesische Grenzsoldaten mit Fellmützen und umgehängten Maschinenpistolen. Spanische Reiter, mit Stacheldraht bewehrt, versperren uns den Weg nach drüben. Ein doppelter Zaun markiert den Grenzverlauf, soweit das Auge reicht. Passieren darf man nur, wenn man auf chinesischer Seite ein Auto bestellt hat, das genau diese Person mit dieser Passnummer abholen soll. Nun wird sich erweisen, ob alles geklappt hat mit Asels Kontakten zu dem Reisebüropartner in Kaschgar.

Fürs Erste herrscht hier absolute Stille. Von Taxis ist drüben weit und breit nichts zu sehen. Nur ab und zu donnert einer der Trucks an uns vorbei, die Wladimir vorher so kunstfertig ausgetrickst und überholt hat. Wladimir hat mir zu verstehen gegeben, dass hier absolutes Fotografierverbot herrscht. Ich solle bitte besonders den Japaner im Auge behalten.

Takayama und ich sind ziemlich aufgeregt, ob alles klappt. Zum Glück ist Wladimir noch nicht wieder zurück gefahren sondern wartet geduldig schlafend im Auto, so dass wir zur Not mit ihm zurück fahren können. Auch das Wetter spielt mit. Trotz der großen Höhe ist es in der Sonne angenehm warm. Erwartungsvoll tausche ich bei meinem Handy die kirgisische SIM-Karte schon einmal gegen eine chinesische aus, die ich noch von früheren Chinaaufenthalten mitgebracht habe, und wundere mich nicht, dass ich sofort vollen Empfang habe. In China gibt es erfahrungsgemäß kaum eine Gegend, in der man keine Verbindung hat. Mit dem Absenden einer SMS und dem Telefonieren will es trotzdem einfach nicht klappen. Warum das so ist, werde ich erst später erfahren.

Nach einiger Zeit kommt noch eine Gruppe französischer und italienischer Bergsteiger an, die auf dem Weg zum Himalaya sind. Sie müssen genauso warten wie wir, und bei gemeinsamer Unterhaltung vergeht die Zeit angenehmer. Wladimir hatte ihren Kleinbus auf der Fahrt zur Grenze souverän in einer Flussdurchfahrt überholt, wo sie sich festgefahren hatten. Genützt hat es uns wenig, denn nun müssen wir alle warten.

Erst nach quälenden vier Stunden Wartezeit tut sich auf der anderen Seite etwas. In eine Staubwolke eingehüllt donnern eine Motorradgruppe von Italienern und ihre Begleitfahrzeuge den Pass herauf. Sie sind auf historischen Royal Enfield Motorrädern auf dem Weg von Indien nach Italien. Doch gerade in diesem Augenblick erscheint plötzlich unser Abholer, so dass wir nur Zeit für ein paar kurze Worte und ein paar (verbotene) Fotos haben, was in dem plötzlichen allgemeinen Durcheinander aber nicht so auffällt. Wladimir, der die ganze Zeit treu mit uns gewartet hat, ob wir auch wirklich durchgelassen werden, drängt uns zu Recht zur Weiterfahrt.

Nur für uns zwei ist ein ganzer Bus mit chinesischem Fahrer und uigurischem Reiseführer aus Kaschgar heraufgekommen. Wir haben freie Platzwahl in dem überdimensionierten Gefährt. Als wir schließlich mit dem langsamen Bus in Kaschgar sind, ist es zehn Uhr in der Nacht Ortszeit. Gut, dass Takayama schon ein Hotel vorbestellt hat, in dem ich auch noch ein Zimmer bekomme.

Letzte Passhöhe auf 3574 m Höhe vor der chinesischen Grenze

Begegnung mit einer italienischen Motorradexpedition auf dem Torugart-pass auf der kirgisischen Grenzseite. Im Stahlzylinder befindet sich eine geschützte Unterkunft für lange Wartezeiten

# Kaschgar – Oasenstadt im Belagerungszustand

Schon auf der Fahrt nach Kaschgar im Bus mussten wir mehrere Kontrollposten passieren, von Soldaten bewacht, die sich hinter brusthohen Sandsackburgen verschanzt hatten. Hier in der Stadt patrouillieren Armeelastwagen mit aufgesessenen, schussbereiten Soldaten hinter Gittern. Immer in Gruppen zu drei LKW. Am fünften Juli, genau am Tag, als ich zu Hause losfuhr, war es in Urumqi, der Hauptstadt der autonomen Provinz Xinjiang, zu Unruhen mit schweren Ausschreitungen zwischen der uigurischen und chinesischen Volksgruppe gekommen. Es gab 184 Tote. Mit massivem Militäreinsatz will man jetzt Ruhe erzwingen. Dadurch herrscht eine etwas bedrückte Stimmung, als wir mit unserem Reiseführer noch uigurische Fleischspieße in der Altstadt essen gehen. Erst weit nach Mitternacht legen wir uns schlafen – glücklich und dankbar, dass alles so gut geklappt hat. Ich bin froh, dass das für mich der letzte Grenzübertritt auf dieser Reise war.

Dienstag, 11. August
Kaschgar

Es ist eine Freude, wieder einmal in einem chinesischen Hotel zu sein. Dem Gast werden viele Kleinigkeiten oder Annehmlichkeiten teils unentgeltlich, teils für eine geringe Gebühr im Zimmer zur Verfügung gestellt. Ein so komplettes Sortiment wie hier im World Plaza Yambu Hotel in Kaschgar habe ich allerdings vorher auch noch nicht gesehen. Ich bin so begeistert, dass ich eine Liste zusammenstelle:
Es gibt:

- Wasserkocher für Tee und Kaffee mit verschiedenen Tee- und Kaffeesorten,
- Teegeschirr, Kaffeegeschirr,

- Gefüllte Minibar, Wein-/Sektkühler, Gläser, Spielkarten,
- Streichhölzer, Kugelschreiber, Briefpapier mit Umschlägen, Zweittelefon im Bad,
- Kamm, Zahnbürste, Zahncreme, Duschhaube, Shampoo und Körpergel,
- Rasierer, Rasierspiegel, Fön, Personenwaage, Zimmerpantoffeln,
- Herrenslip, Damenslip, Socken,
- Kondome, Intime Waschcremes (rosa/w, blau/m), Einmalwaschlappen.

Hier fühlt man sich wirklich perfekt umsorgt. Und ich denke bei mir, dass sich Chinesen in unseren Hotelzimmern wie in unfertigen Rohbauten vorkommen müssen.

Morgens im Businesscenter des Hotels kann Takayama gleich seine Bahnfahrkarte nach Urumqi kaufen, und ich besorge mir mein Busticket nach Turpan. Auch unsere kirgisischen Som tauscht man uns problemlos in chinesische Yuan um. Bei unserer Nachfrage nach Internetzugang fällt dann bei uns langsam der Groschen. Die typisch chinesische Antwort ‚Internet gibt es wahrscheinlich erst wieder im September' ist so absurd, dass uns klar wird, die Provinz Xinjiang ist wegen der Unruhen kurzerhand von aller Kommunikation abgeschnitten worden. Aber als höflicher Chinese darf man auf Fragen nie direkt negativ antworten, sondern muss eine möglichst positive Umschreibung finden – zur Not auch auf Kosten der Wahrheit. In Xinjiang lassen sich bis auf Weiteres nur Inlandsgespräche über das Festnetz führen. Schnell rufe ich Sylvia, eine ganz zuverlässige deutsche Freundin, in Shanghai an, damit sie bitte Maria in Hamburg Bescheid geben möge, dass es mir gut geht, und ihr erklärt, warum ich mich nicht melden kann. Ich ahne, in welche üblen Gedanken man sich fern vom Geschehen in solcher Situation hineinsteigern kann.

Altstadt von Kaschgar

Stoffmarkt auf dem Basar

Nachdem wir uns einig waren, die Begleitung des aufdringlichen uigurischen Reiseführers vom Abend vorher abzulehnen, machen Takayama und ich uns auf in die orientalische Altstadt. Man weiß gar nicht, wohin man schauen soll, so exotisch ist alles. Takayama ist besonders von einer Zahnarztpraxis fasziniert, die sich in einem Ladengeschäft mit großen Schaufenstern befindet und ihre Leistungen auf drastischen Bildplakaten anbietet. Wegen der Unruhen scheint es außer uns keine Touristen hier zu geben. Wir besichtigen die zentrale Id Kah Moschee, deren Eingang von Soldaten in Kampfmontur bewacht wird. Sie soll mit 7.000 Plätzen die größte Moschee in ganz Xinjiang sein. Während es in dieser Wüstenstadt draußen bestimmt 40°C heiß ist, umfängt uns in der Moschee unter schattigen Bäumen eine wohltuende Kühle und Stille.

Takayama kann mit seinen Chinesisch-Kenntnissen einem Taxifahrer problemlos unser nächstes Ziel klarmachen: das Mausoleum von Abakh Khoja, einem 1694 gestorbenen angeblichen Verwandten des Propheten Mohammed. Auch hier ist der große Parkplatz gähnend leer, und wir haben den prächtigen Bau zusammen mit einer uigurischen Familie ganz für uns. Die zahlreichen Souvenirverkäufer lassen darauf schließen, wie viele Touristen sonst wohl hier sind. Schließlich haben viele Chinesen neuerdings den Tourismus entdeckt, und da sind die exotischen Grenzprovinzen natürlich besonders attraktive Reiseziele, wenn man sich nicht gleich ins richtige Ausland traut. Aber auch bei westlichen Reiseveranstaltern ist die Seidenstraße ja durchaus im Angebot.

Ich verstehe mich so gut mit Takayama, weil er, genau wie ich, die kleinen Dinge am Wegesrand sehr wertschätzt. So schlendern wir auf seinen Wunsch hin, anstatt in einem Taxi zur nächsten Attraktion zu hetzen, in der Gluthitze zu Fuß zurück zur Hauptstraße. Auf dem Weg schauen wir uns die schön geschnitzten Hoftore an und werfen, wenn möglich, von der staubigen Straße aus einen Blick in die Innenhöfe mit viel Grün und blühenden Pflanzen. An der Hauptstraße angekommen setzen wir uns für eine halbe Stunde zu einem netten Mann auf eine einfache Holzbank vor seinem Haus und werden dort mit geeister Melone verwöhnt, bis uns der Stadtbus für einen Yuan (10 Cent) zum Basar bringt.

Der Basar ist Seidenstraße pur. Unersättlich lassen wir uns durch die endlos vielen, labyrinthisch verwinkelten Marktgassen treiben und können nicht genug über das unermessliche Warenangebot und dessen aufwändige Präsentation staunen. Die bunten Stoffe sind mit ihrem Rausch an Farben ein Fest für die Augen. Wir laufen einfach so mit. Es gibt kein Anquatschen, Betteln oder Bedrängen, und auch keinerlei Feindseligkeit. Ein unvergessliches Erlebnis.

## 28 Stunden im Bus durch die Wüste Taklamakan

Irgendwann wird es Zeit für mich, zum Busbahnhof zu kommen. Ich durfte mein Gepäck in Takayamas Hotelzimmer unterstellen und kann dort noch einmal vor der langen Busfahrt durch die Wüste duschen. Schade, dass sich unsere Wege hier trennen. Wir wären gern noch ein paar Tage weiter zusammen gereist.

Ein kluger Taxifahrer bringt mich zum Glück – entgegen der ausdrücklichen Ansage des Hotelpersonals – zum richtigen Busbahnhof, von wo mein Bus starten soll. Auch hier das interkulturelle Problem: Auch wenn er oder sie es gar nicht weiß, muss ein Chinese einem Gast die verlangte Auskunft geben. Das Verstauen von Waren und Gepäck in den unteren Gepäckfächern meines Busses dauert endlos lange. Kleine muskulöse Männchen bringen immer neue schwere Säcke mit Bohnenmehl oder Dünger – ich kann es nicht genau sagen. Auf jeden Fall rieselt es aus einigen Exemplaren weiß heraus.

Das uigurische Buspersonal ist extrem unfreundlich zu mir. Dass sie sich über Sprache mit mir nicht verständigen können, akzeptieren sie einfach nicht und versuchen es stattdessen mit sinnlosem Anschreien. In meiner Nervosität lasse ich leider mein gesamtes Geld in meinem Rucksack, den sie zu allerletzt noch hektisch zwischen die weißen Säcke quetschen, bevor das Fach verschlossen wird.

Unser Bus ist voll besetzt. Soweit ich sehe, sind sämtliche Fahrgäste Uiguren, jedenfalls sehen sie so gar nicht chinesisch aus, und die Frauen tragen Kopftuch und sind in weite Gewänder gehüllt. Der Bus ist einer der üblichen chinesischen Fernreisebusse ausschließlich mit Liegekojen. Es gibt drei Reihen von schmalen Kojen mit zwei ebenso schmalen Gängen dazwischen. Die Kojenreihen sind jeweils doppelstöckig angeordnet. Durch eine Halbliegeposition hat der Hintermann seine Füße jeweils etwa zwanzig Zentimeter unter dem Steißbein des Vordermanns. Es klingt unmöglich, ist aber erstaunlich bequem.

Kaum ist es dunkel geworden, fallen mir bei der monotonen Fahrt entlang der Wüste Taklamakan die Augen zu. Nur bei den gelegentlichen Toilettenstopps oder den immer wiederkehrenden Checkpoints der Armee werde ich kurz wach, solange es rein technisch notwendig ist. Teilweise müssen wir zur Ausweiskontrolle unter gleißendem Scheinwerferlicht alle aussteigen.

Als es Morgen wird, möchte ich mir bei einer Rast etwas zu trinken kaufen. Aber ohne Geld wird das ja nichts. Also versuche ich, selbständig das Gepäckfach unten im Bus zu öffnen, um an meinen Rucksack zu gelangen. Die Folge ist ein weiteres Mal Anschreien, was mir inzwischen aber reichlich egal ist. Durch Zeichensprache kann ich schließlich mein Problem verdeutlichen, und einer der drei Fahrer, die sich immer im Turnus beim Fahren abwechseln, leiht mir 30 Yuan (ca. 3 Euro). Nicht

Im Überlandbus durch die Wüste von Kaschgar nach Turpan

gerade viel, aber mit dieser Summe komme ich tatsächlich für den Rest der Fahrt aus.

Mittagsrast am Rand der Wüste Taklamakan

Trotz der unablässig über das Bordvideo abgespielten lauten Ballerfilme döse ich die meiste Zeit in meiner bequemen Halbliegeposition mehr, als dass ich wach bin. Draußen zieht die kahle Wüste in flirrender Hitze vorbei. Nicht auszudenken, wenn hier die Klimaanlage ausfallen sollte. Zu Mittag halten wir – ich weiß nicht wo – vor einem abenteuerlichen orientalischen Imbiss mit rohen Holzbänken und -tischen, alles im Freien unter einem Sonnendach. Dort esse ich mich für umgerechnet 20 Cent an einem Teller Nudeln mit Hammelfleisch und Gemüse inklusive Tee in bunter Atmosphäre gut satt. Natürlich sitzen die Frauen streng getrennt von uns Männern. Dann rollt der Bus wieder weiter durch die menschenleere Wüstenlandschaft.

Allmählich wird es dunkel, und es setzt ein Gewitter mit fahlen Blitzen ein. Ein schönes Naturschauspiel für mich aus meiner bequemen Liegeposition. Schließlich zeichnet sich ganz entfernt am Himmel ein rötlicher Schein ab. Der Fahrtzeit nach müssten das die Lichter von Turpan sein. Da fährt der Bus plötzlich auf einen stockfinsteren Parkplatz, und ich werde unmissverständlich vor die Tür gesetzt. Man gibt mir zu verstehen, genau das hier sei Turpan. Wo ich gelandet bin, weiß ich zwar nicht – aber eine Stadt sieht anders aus. Als ich die Rücklichter des Busses in der Dunkelheit verschwinden sehe, bemerke ich, dass man mir zum Glück wenigstens meinen Rucksack herausgegeben hat. So fair waren sie dann doch noch…

Langsam gewöhnen meine Augen sich an die Dunkelheit, und ich bemerke zwei junge chinesische Frauen, denen es offenbar genauso gegangen ist wie mir und die ebenso unglücklich über ihre Lage sind. Etwas entfernt steht ein unbeleuchteter schwarzer VW Santana, mit dessen Fahrer die Chinesinnen zu verhandeln beginnen. Nach längerem Palaver können wir alle einsteigen. Die Fahrt soll nach Turpan gehen. Also steige ich mit ein. Alternativen habe ich ja auch nicht wirklich.

Nach einer Stunde Fahrt erreichen wir tatsächlich das nächtliche Turpan, eine Oasenstadt mitten in der Wüste von immerhin einer viertel Million Einwohnern. Nachdem meine Mitfahrerinnen ihr Ziel schon erreicht haben und ausgestiegen sind, soll mich der Fahrer zur Adresse eines Hotels bringen, das ich nach Empfehlung aus dem ‚Lonely Planet' ausgesucht habe, in dem zur Sicherheit sogar die chinesischen Schriftzeichen abgedruckt sind. Eigentlich kann nichts schief gehen. Aber irgendetwas gefällt dem Chauffeur nicht daran. Doch er kann sich mir einfach nicht verständlich machen. Erst als wir angekommen sind, verstehe ich das Problem: Aus dem Hotel ist inzwischen eine Polizeistation geworden. Wie es fast alle Chinesen lieben, lachen wir erst einmal ausgiebig gemeinsam über die Situation, bis ich schnell und unkompliziert am Hotel 'Tulufan Binguan' entlassen werde.

Dort bietet man mir ein Zimmer für 200 Yuan an. Nachdem ich schon akzeptiert habe, werde ich konspirativ gefragt, ob auch ein Preis von 180 Yuan ginge. Na ja, zur Not ist das dann auch okay. Wahrscheinlich war man völlig verblüfft, dass ich zu dieser späten Stunde einfach keine Lust zum Verhandeln hatte. Vom Rezeptionisten lasse ich mir noch zwei kühle Gute-Nacht-Biere besorgen und freue mich, dass sich nachts um zwölf schließlich alles noch so gut gelöst hat. Wie gut, dass meine dürftigen Chinesisch-Kenntnisse für so lebenswichtige Dinge wie zum Bestellen von kühlem Bier ausreichen.

# Turpan, Chinas heißeste Stadt

Donnerstag/Freitag, 13./14. August
Turpan → Dunhuang
800 km, Bus

Da ich mich schon in zwei Tagen mit Maria in Xi'an treffen will, kümmere ich mich gleich am Morgen im Hotel um meine Weiterreise. Turpan selbst hat keinen Bahnanschluss, sondern die Strecke Urumqi – Xi'an führt in 60 Kilometer Entfernung nördlich an der Stadt vorbei. Aber die Bahnfahrkarten sollen ohnehin für eine Woche im Voraus ausverkauft sein. Dafür bekomme ich aber ein Ticket für den Nachtbus nach Dunhuang, Abfahrt heute Abend. Also habe ich noch den ganzen Tag Zeit, mich in Turpan umzusehen.

Gleich vor dem Hotel spricht mich ein Tourvermittler an, der mich an alle interessanten Sehenswürdigkeiten bringen will. Schon bald sitze ich in einem Taxi, um mir das berühmte Jahrhunderte alte Bewässerungssystem der Stadt anzuschauen. In unterirdischen Kanälen, Karez genannt, wird Schmelzwasser aus den bis zu 4.000 Meter hohen Bergen der Umgebung herangeführt. Die besondere Lage von Turpan in einer Senke, 150 Meter unter dem Meeresspiegel, macht das möglich. In einem Museum, das über einem solchen Kanal errichtet ist, wird dieses System sehr anschaulich erklärt. Man kann dort auch einen Stollen begehen, durch den herrlich frisches Wasser sprudelt. Außerdem wird die Produktion von Weintrauben, für die Turpan in ganz China berühmt ist, und deren Trocknung zu Rosinen an der heißen Wüstenluft demonstriert.

Als sich meine Augen draußen wieder an das helle Sonnenlicht gewöhnt haben, will es mir einfach nicht gelingen, das knallgrüne Taxi mit dem gemütlichen uigurischen Fahrer wiederzufinden. Dabei ist der Parkplatz durchaus überschaubar und auch hier wegen der jüngsten Unruhen nur mäßig belegt. Leider ist mein gesamtes Reisegepäck im Kofferraum. – Doch der grüne Santana bleibt verschwunden. Um in Ruhe überlegen zu können, setze ich mich am Stand einer Rosinenverkäuferin in den Schatten und werde dort kostenlos mit zuckersüßen Trockentrauben verwöhnt. Es wäre nicht das erste Mal in China, dass ein Problem sich

Wie vom Erdboden verschluckt: mein grünes Taxi

ohne mein Zutun einfach durch Abwarten löst. Also warte ich einfach. – Aber hier tut sich einfach gar nichts.

Da fällt mir ein, dass ich am Museumseingang eine junge Frau in uigurischer Tracht gesehen habe, die mir eine englischsprachige Führung angeboten hat. Ich finde sie wieder, und sie nimmt die Sache ganz fürsorglich aber tatkräftig in die Hand. Wie sie mir erzählt, ist sie eine Studentin aus Urumqi, die hier

Meine uigurische Helferin bei der Suche nach dem verschwundenen Taxi

einen Ferienjob als Museumsführerin macht. Wir schlüpfen gemeinsam in ein unauffälliges Nebengebäude, das mir vorher gar nicht aufgefallen war. Es beherbergt offensichtlich die Polizei, und ich staune nicht schlecht, als ich eine Batterie von Monitoren vorfinde, auf denen das Geschehen vor und im Museum ziemlich lückenlos und in Farbe abgebildet und aufgezeichnet wird. Manchmal kann ein Polizeistaat eben auch vorteilhaft sein. Leider erweist sich ausgerechnet die Parkplatzkamera als defekt. Man verständigt also die Zentrale in Kaschgar, die einen Polizeiwagen in Marsch setzen will, um mich abzuholen, damit ich im Präsidium eine Aussage machen kann. Sicherheitshalber verständige ich Sylvia in Shanghai. Sie organisiert auf ihrer Arbeitsstelle einen Übersetzer im Stand-by für mich. Zum Glück habe ich wenigstens Geld und Dokumente bei mir.

Während wir auf das Polizeiauto warten, tuckert in aller Seelenruhe ein grüner Santana auf den Parkplatz. Der Fahrer war inzwischen zum Essen gefahren und musste bei seinem Auto auch schnell noch Öl auffüllen, wie er freudestrahlend erzählte. Für die Zukunft weiß ich, dass nicht nur den Chinesen sondern auch den Uiguren spätestens um halb zwölf das Mittagessen heilig ist. Der Alarm kann also abgeblasen werden.

Wir fahren weiter in der glühenden Hitze. Zur Erleichterung hat der Fahrer die Fenster geöffnet. Mein mitgeführtes Thermometer zeigt eine Lufttemperatur von 41°C an. Es fühlt sich an, als ob ich vor einem Haarföhn stehe, der mir heiße Luft ins Gesicht bläst. Turpan wird seinem Ruf als heißeste Stadt Chinas vollauf gerecht. Dabei habe ich noch Glück, an 140 Tagen im Jahr soll es sogar 45°C oder heißer werden. Kaum zu glauben, dass die Temperaturen im Winter trotzdem oft unter null fallen.

Als der Fahrer erfährt, dass ich noch nichts zu Mittag gegessen habe, macht er erst einmal einen kleinen Umweg in sein Dorf und besorgt mir aus seiner bescheidenen Lehmhütte gekochte Eier, eiskaltes Wasser und herrlich süße Trauben, bevor wir weiter in die *Flammenden Berge* fahren. Hier kann ich mich nach Herzenslust in einem traditionellen Oasendorf umsehen. Zu den braunen Gebäuden und Wegen aus Lehm in einer genauso braunen Umgebung kontrastiert das frische Grün der Bäume und Pflanzen überall dort, wohin das Wasser des sprudelnden Flusses aus den Bergen geleitet wird. Im Widerschein der Abendsonne soll der Sandstein der faltigen Bergkette rötlich aufleuchten. Daher der Name *Flammende Berge*.

In der Hitze schläft es sich angenehmer im Freien

Jetzt um die Mittagszeit ist davon aber nichts zu sehen als glasiger Dunst.

Uighurische Bauernfamilie beim Verlesen der getrockneten Trauben

Etwas oberhalb des Dorfes durchquere ich den Fluss an einem Wasserfall in einer spannenden Aktion, die dazu noch sehr erfrischend ist. Zurück im Dorf esse ich in einer einfachen Familientaverne eine Schale Rosinenreis und trinke Tee. Zusammen mit mir sind hier noch ein paar Italiener und Franzosen eingekehrt, die zu einer Reisegruppe gehören. Ansonsten bin ich aber einmal wieder der einzige Besucher an diesem stillen romantischen Ort.

Das 44 Meter hohe Emin-Minarett in Turpan

Auf der Rückfahrt schaltet der Fahrer die Klimaanlage ein. Sie ist von diesen extremen Temperaturen aber völlig überfordert und bringt nur wenig Abkühlung. Nach einigen weiteren Besichtigungen liefert er mich am Abend am Busbahnhof ab, wo ich müde auf meinen Bus nach Dunhuang warte, nachdem ich mir in der Stadt noch Verpflegung für die lange Nachtfahrt gekauft habe. Mehr noch als schon in Kaschgar fällt mir hier der Gegensatz zwischen den Volksgruppen der Uiguren und der Han-Chinesen auf. Während die Chinesen bei den hohen

Temperaturen freizügig gekleidet sind, sieht man die uigurischen Frauen stets verhüllt und mit Kopftuch. Auch trinken manche Chinesen schon tagsüber in Straßenrestaurants ganz selbstverständlich ein Bier. – Bei Moslems geht Alkohol in der Öffentlichkeit natürlich gar nicht. Und in die vielen neuen großen Wohnblocks, die auch hier, wie in vielen anderen chinesischen Städten, im Bau sind, werden wahrscheinlich überwiegend Chinesen einziehen, die aus anderen stark bevölkerten östlichen Provinzen hierher kommen, um ihr materielles Glück zu finden.

Kein Wunder, dass diese Entwicklung den einheimischen Uiguren unheimlich wird, obwohl sie zurzeit noch die Bevölkerungsmehrheit stellen. Übrigens gilt für die Uiguren, genauso wie für die vielen anderen Minderheiten in China, die im Westen oft angeprangerte Ein-Kind-Politik nicht. Das wird auch im Straßenbild deutlich. Chinesische Familien bestehen immer nur maximal aus drei Personen, während Uiguren durchaus oft mehrere Kinder haben.

Der Bus ist nicht pünktlich, und langsam wird der Busbahnhof geschlossen. Doch mein unerschütterliches Vertrauen in die chinesische Organisation zahlt sich wieder einmal aus. Mit siebzig Minuten Verspätung rollt ein nur mäßig besetzter Schlafbus auf den weiten leeren Vorplatz und nimmt mich auf. Ich krabbele auf meine Oberliege und lasse mich in den Schlaf schaukeln. Nachts werden wir wiederholt durch die schon bekannten Kontrollen geweckt. Immer wieder müssen alle Passagiere aussteigen, um im gleißenden Scheinwerferlicht improvisierter Checkpoints ihre Papiere kontrollieren zu lassen. Ich habe inzwischen eine Technik entwickelt, alles im Halbschlaf über mich ergehen zu lassen.

# Singende Sanddünen und Mondsichelsee

Als die Morgendämmerung anbricht, funktioniert plötzlich mein Handy. Auch die Landschaft hat sich verändert, und es gibt keine Checkpoints mehr. Die gleichförmige geröllige Wüste ist von Feldern mit Melonen und gelegentlichen Wasserläufen abgelöst worden. Offensichtlich haben wir die Provinz Gansu erreicht, in der es keinen Ausnahmezustand gibt. Ich spüre, dass ein gewisser Druck durch die ständige Anwesenheit von Bewaffneten von mir gegangen ist.

Gegen Mittag spuckt uns der Bus in Dunhuang aus. Als erstes kümmere ich mich um den Weitertransport nach Xi'an, denn spätestens in zwei Tagen muss ich dort sein. Ich will Maria nach dieser langen Zeit auf keinen Fall auf mich warten lassen. Aber die Nachrichten sind schlecht. Beim Ticket-Office verstehe ich, dass es eine Bahnfahrkarte frühestens für einen Zug in drei Tagen gibt. Bei einem großen Hotel, wo ich annahm, dass es dort vielleicht Vorzugstickets für Ausländer gibt und jemand Englisch spricht, kann ich mich auch nicht recht verständlich machen.

Auch wenn es schwer fällt, muss ich wohl jetzt eine Ausnahme machen und mir ein Flugticket nach Xi'an besorgen, was auch problemlos klappt. Eine leckere Nudelsuppe umgeben von gefühlt hundert schwatzenden quirligen chinesischen Schülern in Schuluniform verscheucht die paar Gedanken an diese Enttäuschung schnell wieder. Wieder einmal bewährt sich meine Regel, zu schauen, wo die chinesischen Schüler zum Lunch einkehren. Dort ist es meist gut und preiswert.

Da mein Flug erst am Abend geht, habe ich noch Zeit, die berühmten Sanddünen und den Mondsichelsee zu besuchen. Ein öffentlicher Kleinbus bringt mich für umgerechnet zehn Cent zu den *Singenden Sanddünen*, die sich unmittelbar am Stadtrand auftürmen. Da Naturschutz in China noch in den Kinderschuhen steckt, findet an diesem einzigartigen Naturdenkmal allerlei Volksbelustigung statt. Unter anderem kann man in den Dünen ein Quad ausleihen. Das ist natürlich etwas für mich. Zusammen mit einem Guide darf ich nach kurzer Einweisung selbst durch die Dünen sausen, die ihren Namen vom Geräusch haben, den der Wind macht, wenn er über den messerscharfen Kamm weht. Das Quadfahren ist ein großer Spaß. Auch der Guide freut sich, dass ich so beherzt Gas gebe.

Mit einer Bimmelbahn für Touristen lasse ich mich danach zum Mondsichelsee bringen. Neben wenigen chinesischen Touristen bin ich das einzige westliche Gesicht hier. Diese Oase mit dem See in Form einer Sichel soll in dieser Form schon mehrere hundert Jahre existieren, umgeben von staubtrockenen Dünenbergen, ohne dass er verschüttet oder ausgetrocknet wäre. Zu Recht hat die Regierung wenigstens die Gegend um den See als Nationalpark ausgewiesen und unter Schutz gestellt. Ich gehe abseits auf eine Düne und genieße von dort einen erhabenen Anblick von unwirklicher Schönheit und Stille.

Der Mondsichelsee bei Dunhuang

Freitag, 14. August
Dunhuang → Xi'an
1.800 km, Flugzeug

Ein Taxi, dessen Fahrpreis ich schnell noch auf die Hälfte drücken konnte, bringt mich komfortabel zum nagelneuen Flughafen von Dunhuang, und in zwei Stunden beamt mich der Flieger der China Southern Airlines ganz bequem aber völlig unromantisch in die alte chinesische Kaiserstadt Xi'an. Vom Flughafen kommend durchfährt mein Bus ein mächtiges Tor der großen, vollständig wiederhergestellten Stadtmauer. Das östliche Ende der Seidenstraße ist für mich damit erreicht!

# Wiedersehen in Xi'an

So erfreulich es auch ist, dass hier kein Ausnahmezustand mehr herrscht, wird mir doch schnell bewusst, dass im August in China Hauptreisezeit ist. Und Xi'an ist mit seiner weltberühmten Terrakotta-Armee nicht nur für viele Ausländer sondern auch für 1,3 Milliarden unternehmungslustige Chinesen ein hochattraktives Reiseziel. So muss ich enttäuscht feststellen, dass zwei meiner im Reiseführer so gelobten Hotels jetzt abends um neun längst ausgebucht sind.

Gerade als ich mich müde wieder mit meinem dicken Rucksack auf die Suche begeben will, hilft mir – wie schon so oft auf meinen Reisen in China – ein guter Geist. Diesmal in Person einer attraktiven Stadtführerin, die mich beim Verlassen des Hotels an der Drehtür auf Englisch anspricht. Ich will sie schon abweisen, weil ich jetzt wirklich nur noch ein Bett und keinen Stadtrundgang benötige. Aber sie bittet mich, einfach ein wenig in der Lobby zu warten. In grundloser Zuversicht beobachte ich, wie sie wieder und wieder von der Rezeption aus telefoniert und mir von Zeit zu Zeit aufmunternd zulächelt. Nach etwa zwanzig Minuten übergibt sie mir einen Zettel mit der Adresse einer sehr einfachen aber preiswerten Pension ganz in der Nähe mit Schnellimbiss im Erdgeschoss. Sie weiß wahrscheinlich gar nicht, einen wie guten Dienst sie einem todmüden aber glücklichen Reisenden getan hat. Denn die vergangene Nacht im Bus steckt mir noch gehörig in den Knochen.

Xi'an. Chinas Tor zum Westen und damit der Endpunkt der Seidenstraße ist erreicht

Maria meldet sich inzwischen telefonisch aus Shanghai, wo sie zwischengelandet ist. Alles verläuft planmäßig, und am nächsten Tag empfange ich sie am Flughafen von Xi'an mit einem großen Strauß duftender Lilien, den sie sich mehr als verdient hat. Denn sicher hat sie während meiner abenteuerlichen Reise zu Hause auch einige unruhige Nächte verbracht. Als wir uns endlich in den Armen liegen, wissen wir gar nicht, wo wir mit dem Erzählen beginnen sollen. Am meisten freuen wir uns aber darüber, dass wir einander gesund wiederhaben. Zur Feier unseres Wiedersehens habe ich uns im besten Hotel der Stadt einquartiert. Für mich ein Gefühl wie im Paradies.

Gleich am nächsten Tag fahren wir raus der Stadt, um die Ausgrabungsstätten der Terrakotta-Soldaten zu besuchen. 1974 wurde hier von einem einfachen Bauern beim Bohren eines Brunnens diese weltberühmte mehr als 2.000 Jahre alte Armee aus Terrakotta-Kriegern als Grabbeigabe für den ersten chinesischen Kaiser Qin Shihuangdi entdeckt. Es sind noch längst nicht alle Funde freigelegt. Aber das, was man sehen kann, ist eindrucksvoll genug.

Am nächsten Tag kaufen wir Fahrkarten für den Nachtzug nach Shanghai. Vor einer Unmenge von Fahrkartenschaltern steht eine riesige Menschenmenge in langen Schlangen nach Fahrkarten an. Dank meiner Körpergröße behalte ich einigermaßen den Überblick über das uns umtosende Meer von schwarzhaarigen Chinesen. Meine mühsam vorformulierten Brocken Chinesisch kommen gar nicht zum Einsatz, da die Frau am Schalter etwas Englisch spricht.

Ein kleiner Wermutstropfen dämpft unser Hochgefühl, als wir merken, dass ein Taschendieb Maria im Menschengewühl auf dem Bahnhofsvorplatz sämtliches Bargeld und alle Kreditkarten gestohlen hat. Die Polizei lächelt nur höflich dazu, und uns bleibt nichts übrig, als die Karten schnell telefonisch sperren zu lassen. Zum Glück sind unsere Pässe mit den Visa sicher im Hotel geblieben.

In nagelneuen Waggons mit Sechsbettabteilen gleiten wir wenig später durch die Dunkelheit der Küste des Gelben Meeres entgegen. Wir teilen unser Abteil mit sehr angenehmen Mitreisenden, einem chinesischen Professor aus Nanjing, seiner Frau und seiner Tochter.

# Das Ende einer Reise

Dienstag/Mittwoch, 18./19. August
Xi'an → Shanghai
1.400 km, Bahn

Während der Nacht lasse ich meine Reise noch einmal Revue passieren. Wie es so ist mit Prophezeiungen, halb werden sie wahr, halb auch nicht. Nach Moskau habe ich es tatsächlich nicht geschafft. Aber hätte er genauer hingehört, wäre dem Wahrsager auch klar gewesen, dass ich niemals nach Moskau wollte. Aber was ich vorhatte, habe ich erreicht: alleine, improvisiert und – mit einer kleinen Ausnahme, die der leider begrenzten Zeit geschuldet war, – landgebunden die eurasische Landmasse vom atlantischen bis zum pazifischen Meer von West nach Ost zu durchqueren.

Ich bin dabei 9.182 Kilometer mit einem kleinen Motorrad gefahren und weitere 8.538 Kilometer mit örtlichen Verkehrsmitteln. An jedem Abend der insgesamt 45 Reisetage habe ich ein Quartier für die Nacht gefunden. Vom eisernen Bettgestell unter freiem Himmel in der Hungersteppe Kasachstans über Liegebusse bis zur fünf Sterne Luxusherberge in Chinas alter Kaiserstadt Xi'an. Dabei war die Übernachtung eines der großen Fragezeichen vor der Reise. Ich war auf die Hilfe vieler Menschen angewiesen und bin fast nie enttäuscht worden. Besonders wenn man allein reist, sind allerdings immer ein wachsames Auge, das richtige Bauchgefühl und natürlich eine gute Portion Glück nötig.

Erstaunt war ich, dass ich selbst in den entlegensten Gegenden auf Gleichgesinnte mit einem ähnlichen Reisekonzept gestoßen bin. Mit Ihnen war natürlich immer schnell eine gute Verbindung hergestellt und wir konnten wertvolle Erfahrungen und Tipps austauschen. Aber so schön das Zusammensein auch ist, nach einiger Zeit zusammen weiß man auch immer wieder seine Unabhängigkeit und Freiheit zu schätzen.

Würde ich eine solche Reise noch einmal machen? – Diese Route sicher nicht. Aber andere Weltgegenden locken mich auch noch. Ich glaube, dass die Infektion mit Reisefieber bei mir unheilbar ist.